Didática das
diferenças

Dados Internacionais de Catalogação na Publicação (CIP)
(Câmara Brasileira do Livro, SP, Brasil)

Didática das diferenças : propostas metodológicas para uma sala de aula inclusiva / Heidrun Demo (org.) ; tradução de Vanessa Dias. – Petrópolis, RJ : Vozes, 2025.

Vários autores.

Título original: Didattica delle differenze

Bibliografia.

ISBN 978-85-326-7148-6

1. Aprendizagem 2. Didática 3. Educação inclusiva 4. Ensino – Metodologia I. Demo, Heidrun. II. Dias,Vanessa.

25-260650 CDD-371.9

Índices para catálogo sistemático:

1. Didática : Ensino : Educação inclusiva 371.9

Cibele Maria Dias – Bibliotecária – CRB-8/9427

HEIDRUN DEMO (ORG.)

Didática das diferenças

Propostas metodológicas para uma sala de aula inclusiva

Tradução de Vanessa Dias

EDITORA VOZES

Petrópolis

Tradução do original em italiano intitulado
Didattica delle differenze – Proposte metodologiche per una classe inclusiva

Direitos de publicação em língua portuguesa – Brasil:
2025, Editora Vozes Ltda.
Rua Frei Luís, 100
25689-900 Petrópolis, RJ
www.vozes.com.br
Brasil

Editoração: Débora Spanamberg Wink
Diagramação: Monique Rodrigues
Revisão gráfica: Alessandra Karl
Capa: Nathália Figueiredo

ISBN 978-85-326-7148-6 (Brasil)
ISBN 978-88-590-0764-7 (Itália)

Este livro foi composto e impresso pela Editora Vozes Ltda.

Sumário

Apresentação
Passos em direção à educação inclusiva

Dario Ianes

A educação inclusiva cria condições de aprendizagem através das quais cada aluno pode expressar e alcançar ao máximo o próprio potencial. Este livro, *Didática das diferenças*, permite-nos dar alguns passos significativos nessa direção. Em primeiro lugar, porque joga luz sobre as diferenças dos alunos – mas não apenas por isso.

Os professores italianos[1] geralmente não estão muito interessados nas diferenças entre os alunos e as alunas. Não sendo permitido colocar mais do que um número limitado de alunos difíceis em turmas "especiais", que vantagem prática teriam ao conhecer as infinitas variações da complexidade humana dos estudantes? Quanto maior for a consciência sobre as diferenças individuais entre os alunos, mais clara será a percepção do quão inadequada é uma educação padronizada, rigorosamente igual para todos. E isso causa ansiedade, sensação de impotência, reclamações sobre a escassez de recursos e, frequentemente, estagnação.

A heterogeneidade coloca à prova a escola e os sinais, infelizmente recorrentes, de uma nova tendência na divisão dos alunos em "níveis" diferentes; ainda, o desenvolvimento de "laboratórios" dedicados apenas aos alunos com dificuldades não é muito encora-

1. A versão original deste livro foi publicada na Itália em 2015. Ao longo do texto, em diversos momentos, são feitas referências à educação italiana, mas em aspectos que são também aplicáveis à realidade da educação brasileira [N.T.].

jador quando se pensa em caminhos para a inclusão. A homogeneidade é uma ilusão perigosa, mas é a diversidade presente em cada um de nós que é considerada a marca do perigo. Buscar e valorizar as diferenças entre os alunos é, portanto, uma escolha trabalhosa pela civilidade, pela cultura e pela política na convivência humana.

Acredito que o tema das diferenças entre os alunos possa ser enfrentado em diversos níveis. Em um primeiro nível, buscamos entender se alunos diferentes têm maneiras diferentes de desenvolver os processos que os levarão a resultados semelhantes e que estejam de acordo com as expectativas; se têm estilos cognitivos diferentes, por exemplo, ou mesmo ritmos, formas de trabalhar, motivações, emoções, autopercepções. Como se fossem os diferentes partidos presentes no Parlamento. Porém, existem também aquelas forças políticas extraparlamentares, ou seja, aqueles alunos que produzem resultados originais, fora dos padrões usuais. Hoje sabemos que há bem mais que um fundo de verdade no senso comum que diz que a escola "mata a criatividade". A originalidade dos alunos pode irritar até mesmo um professor que adora as atualizações do Iphone.

Não gostaríamos que os professores fossem como aqueles gestores medíocres que se circundam de colaboradores "sim, senhor" por medo e insegurança dos seus próprios papéis. Não me recordo o autor, mas o velho dito "pobre do discípulo que não supera o mestre" requer realmente muita – talvez até demais – força psicológica do "mestre".

Um tipo de "originalidade" aceita e apreciada (por ser inofensiva) é aquela que o politicamente correto chama de "habilidade especial"; aquela, por exemplo, de quem tem uma deficiência, um modo diferente de agir, pensar ou relacionar-se, mas que não ameaça a confiança do professor – pelo contrário. Naturalmente, isso não vale para todas as deficiências. O autismo, por exemplo, traz em si uma originalidade desafiadora.

A educação inclusiva tem como primeiro fundamento, portanto, a busca, a compreensão, a utilização, a valorização e a celebração de todas as diferenças individuais, sejam elas inofensivas, sejam elas desconfortáveis.

O segundo fundamento da educação inclusiva é a diferenciação das atividades didáticas: em um mesmo momento, alunos diferentes fazem coisas diferentes, ou até mesmo *todos* os alunos fazem coisas *muito* diferentes – e talvez em lugares diferentes. As várias propostas metodológicas descritas neste livro baseiam-se de fato nesse denominador comum, obviamente interpretado em modos também muito diversos. Há os centros de aprendizagem, as estações, os grupos e o uso de materiais diferentes, mas podemos também imaginar ateliês, projetos sobre temas relevantes, laboratórios, espaços dedicados a atividades específicas ou flexíveis quanto às suas finalidades. Apenas os limites da nossa fantasia irão delimitar essa diferenciação de contextos e propósitos de aprendizagem. Se o meu projeto de aprendizagem é "pequeno", poderei manejá-lo sozinho (como um barco, em que deverei conduzir o leme e manejar a vela); porém, quando o projeto torna-se "grande", passamos a ser muitos a conduzir o barco: lemes, velas, direção etc. Nesse caso, ninguém se surpreende que em um grande barco cada pessoa da tripulação tenha papéis diferentes e com certo grau de organização (além de um comandante competente). É possível imaginar um barco onde todos fazem a mesma coisa e apenas uma pessoa comanda? Sim: a trirreme romana[2], em que um capataz vigiava suas fileiras de escravos. Nossas salas de aula inclusivas devem, porém, ser mais parecidas com um ágil veleiro, em que os diferentes papéis e atividades trabalham juntos para o alcance do resultado final.

Na sala de aula, o "resultado final" pode ser o planejamento e a realização de um passeio escolar (atividade multidisciplinar que costuma despertar alto engajamento) ou o aprendizado da divisão por dois algarismos: em ambos os casos podemos perceber papéis e possibilidades de aprendizado e participação diferenciados, de

2. Embarcação da Antiguidade em que os remos eram conduzidos por escravizados [N.T.].

forma mais ou menos criativa. Mesmo no caso da divisão por dois algarismos, com estações de trabalho que estimulem processos de aprendizagem com métodos (uso de cartas, de computadores; em dupla ou em grupo) ou graus de dificuldade diferentes, o aluno trilhará um caminho em função do seu percurso pessoal de aprendizagem, feito de ritmos, modos e níveis de complexidade diferentes.

Como professores, devemos nos perguntar se nos agrada mais o modelo do capataz ou do comandante. Naturalmente, comandar é mais difícil, mas o barco anda mais rápido e a tripulação fica mais satisfeita.

O terceiro fundamento da educação inclusiva, que claramente emerge de todas as propostas metodológicas deste livro, é a autonomia e a responsabilidade do aluno. A ideia geral é que o estudante possa escolher atividades, papéis, objetivos e níveis de dificuldade, de desenvolvimento e de aprofundamento em um determinado assunto; que o aluno aprenda de modo gradual a negociar ativamente com o professor as coisas que serão necessárias para a construção das suas habilidades, projetando de maneira consciente o seu trabalho em arcos temporais cada vez mais longos. Para fazer isso, é necessário que o aluno tenha a possibilidade de escolher e decidir – ou seja, que ele tenha certo grau de liberdade. São também necessários a autoconsciência e o autoconhecimento, que funcionariam como uma metacognição "pessoal" com a qual se pode contar no momento de expressar uma escolha. As opções disponíveis devem estar claras, assim como a sua relação com a habilidade final a ser desenvolvida.

Subo a bordo para aprender a velejar. O comandante me explica as diversas funções e eu sei algo sobre mim (tenho dificuldade em me concentrar por longos períodos, preciso de ações enérgicas, claras...): decido então começar pela condução da vela maior; ao leme eu irei em um outro momento, quando serei capaz de reconhecer a relação entre o vento, a vela e o casco do barco. Com o tempo, mudarei de função, aprenderei cada vez mais sobre mim mesmo e integrarei várias habilidades diferentes em uma habilidade mais complexa. Se (ou quando) me tornarei comandante ninguém sabe, mas pertenço à minha tripulação, e juntos aprendemos a navegar com uma direção definida.

Em uma didática inclusiva, todos os alunos têm um destino que lhes convém e ao qual querem chegar juntos, ao mesmo tempo que cada um é responsável por seu papel e seu objetivo pessoal que o espera todos os dias: aprender a conduzir docemente um leme ou a dobrar uma vela em poucos segundos, antes que caia no mar. O comandante vê tudo e todos, estimulando cada vez mais a autonomia nos outros tripulantes e, idealmente, chegará ao ponto de sentir-se tranquilo o suficiente para descer até a cabine e tirar um cochilo... Um verdadeiro comandante faz a tripulação navegar sozinha e ficará feliz quando, à noite, um dos seus alunos acordar um minuto antes dele porque ouviu o vento mudar de direção.

A combinação da diferenciação das atividades com a autonomia dos estudantes pode produzir também, como valor agregado, uma "libertação" de talentos latentes nos professores, nos alunos e na turma como um todo. Os grupos cooperativos e os *peer tutoring*[3] multiplicam as dinâmicas de ensino, ao passo que uma maior autonomia dos alunos permite aos professores atuar de maneira mais ampla. Maior responsabilidade e possibilidade de escolha em geral aumentam a motivação dos alunos, que é então transmitida aos professores e assim por diante.

Acredito que na comunidade da sala de aula – professores e estudantes – existam muitos talentos não expressos e limitados pelos hábitos de ensino tradicionais, que desestimulam as iniciativas de muitas pessoas. A complexidade da educação inclusiva faz com que sejam necessárias muitas habilidades diferentes e, com metodologias de ensino como as descritas neste livro, é possível ativar esses talentos que podem estar latentes, seja nos alunos, seja nos professores.

---

3. Em tradução livre, "mentoria entre pares", estratégia de ensino que consiste na parceria entre alunos com alto rendimento e alunos com baixo rendimento, que se unem para completar uma tarefa [N.T.].

Didática das diferenças: uma introdução

A questão da heterogeneidade no ensino fundamental

Heidrun Demo

A ideia de que não aprendemos todos do mesmo modo já é um consenso entre educadores. Vários estudiosos da psicologia e das ciências da educação ilustraram como cada pessoa tem sua maneira de aprender. Cada indivíduo, e portanto cada criança, tem a sua própria história de vida, o que faz sua maneira de ver o mundo ser única e particular. Para cada um de nós, então, algumas linguagens facilitam a atenção, a memorização ou a compreensão, enquanto outras as tornam mais difíceis; cada pessoa tem um tempo de aprendizagem diferente e preferências por certos tipos de espaços; cada indivíduo tem seu próprio estilo pessoal de reagir às informações, de organizar essas informações e de abordar a resolução de um problema.

O ensino responde a essas diferenças com os processos de *individualização* e *personalização*, ou seja, com a diferenciação de caminhos de aprendizagem tanto em termos de método quanto em relação aos objetivos a serem alcançados.

Ao menos é isso que diz a teoria. Na prática, resultados de pesquisas recentes demostram que o ensino tradicional (em que os alunos participam de forma mais passiva) é a metodologia de ensino mais utilizada nas escolas italianas. Cavalli e Argentin (2010), em uma investigação conduzida pelo Instituto Iard[4] sobre as condições de vida e de trabalho de mais de 3 mil professores em escolas italianas, coletaram dados os quais demonstram que aproximadamente 70% dos professores da escola primária[5] utilizam o formato de aulas expositivas, enquanto apenas 30% usariam a aprendizagem cooperativa. Os percentuais são ainda mais contrastantes na escola secundária de primeiro grau[6]. Em uma escola tão fortemente ancorada em uma metodologia de ensino que prevê a centralidade do professor no planejamento dos materiais, ritmos e espaços, é difícil pensar que haja um alto grau de individualização e personalização. Sendo assim, parece-me essencial promover outras formas de ensino e aprendizagem que possibilitem maior atenção às diferentes características individuais dos alunos e proponham uma organização de espaços, ritmos e materiais que os respeitem, favorecendo a criação de rotas direcionadas e personalizadas. É isso, basicamente, o que este livro tenta fazer.

Heterogeneidade e aprendizagem

Vários estudiosos da educação evidenciaram ao longo dos últimos 50 anos como a aprendizagem assume diferentes formas e modalidades em indivíduos diferentes. Aqui, iremos propor três modelos que nos parecem particularmente interessantes: as inteligências múltiplas de Gardner, os estilos de aprendizagem de Dunn e Dunn e, por fim, os estilos cognitivos desenvolvidos pelo Grupo MT, da Universidade de Pádua. Essas três abordagens têm em comum o fato de lidarem com as diferenças no modo de aprender não como níveis ou diferenças quantitativas no desenvolvimento de uma ou

4. Istituto Iard Franco Brambilla, instituição de pesquisa com foco nas ciências sociais [N.T.].

5. Equivalente, no Brasil, ao ensino fundamental I, para crianças entre seis e dez anos [N.T.].

6. Na Itália, esta fase escolar dura três anos, enquanto no Brasil o ensino fundamental I é seguido pelo ensino fundamental II, que dura quatro anos [N.T.].

mais competências, mas sim como diferenças qualitativas de indivíduos que se caracterizam por perfis diferentes.

As inteligências múltiplas de Gardner

Esta é talvez a teoria mais famosa sobre a heterogeneidade na aprendizagem. O ponto de partida é a relação entre o conceito de inteligência e o contexto cultural, que mina a ideia clássica de uma única inteligência lógica e verbal, mensurável pelo quociente de inteligência (QI).

Gardner (1987) define a inteligência como a capacidade de resolver problemas ou de criar produtos que são apreciados em um ou mais contextos culturais.

Trata-se de uma ideia de inteligência na qual cada habilidade – sejam as estritamente cognitivas, sejam outras competências mais manuais/instrumentais e afetivas necessárias na resolução de um problema ou na criação de um produto – tem seu papel. Além disso, nessa concepção de inteligência, todas as diferentes habilidades e competências têm o mesmo valor. De acordo com o contexto, naturalmente, algumas são mais importantes do que outras, mas nenhuma é melhor de forma absoluta. Para nós, interessaria pouco saber que o carpinteiro que está projetando a estante da nossa sala compreende a fundo um problema de lógica, ao passo que a questão pareceria mais relevante para o professor de Filosofia da nossa filha.

Com essa teoria, Gardner critica a escola, que tradicionalmente dá maior ênfase às habilidades do âmbito lógico e linguístico. Gardner considera, ao contrário, que existam diversas inteligências – a princípio ele descreveu sete e, por fim, categorizou nove – e que cada um de nós tenha sua própria combinação única destas. Da mesma forma, qualquer um de nós tem um perfil intelectual próprio, feito de alguns pontos fortes em algumas inteligências e de alguns pontos críticos em outras. Portanto, alunos que não são "bons" em matemática ou em gramática não podem só ser considerados pouco inteligentes; em vez disso, a pergunta justa a se fazer é de que outra maneira eles são inteligentes. Cada estudante é caracterizado por talentos e por fragilidades.

Não exibiremos aqui todas as competências que caracterizam as diversas inteligências descritas por Gardner, e sim nos limitaremos apenas a um resumo (Quadro 1).

Quadro 1 – As inteligências múltiplas de Gardner (Gentilli, 2011)

Inteligência linguística	Capacidade de usar a linguagem para expressar eficazmente o próprio pensamento e compreender o dos outros.
Inteligência musical	Capacidade de perceber e reconhecer sons ao seu redor, fazendo uso dos elementos constituintes dessa linguagem (tom, melodia e ritmo).
Inteligência lógico-matemática	Capacidade de pensar e elaborar informações em termos numéricos e abstratos.
Inteligência espacial	Capacidade de perceber as informações visuais e reelaborá-las mesmo na ausência do estímulo visual.
Inteligência corporal-cinestésica	Capacidade de usar o próprio corpo para expressar-se.
Inteligência intrapessoal	Capacidade de reconhecer, compreender e expressar os próprios desejos, emoções e motivações.
Inteligência interpessoal	Capacidade de reconhecer e compreender as emoções, os valores, os desejos e as intenções dos outros.
Inteligência naturalista	Capacidade de observar, discriminar e classificar o mundo natural.
Inteligência existencial	Capacidade de fazer perguntas na tentativa de chegar a conclusões sobre grandes temas existenciais, como a vida, a morte e o destino do mundo.

Interessa-nos, aqui, reiterar a ideia central dessa abordagem, ou seja, que não existe apenas um modo de ser inteligente. Nenhum perfil intelectual pode ser considerado melhor ou pior em todos os sentidos; cada inteligência contribui em contextos diferentes na resolução de problemas ou cria produtos percebidos como relevantes de acordo com a circunstância. O ponto não é, portanto, entender se um aluno é ou não é inteligente, e eventualmente quanto o seja, mas sim abarcar seus pontos fortes e também seus pontos críticos, buscando assim compreender o seu perfil intelectual de forma individualizada.

Os estilos de aprendizagem de Dunn e Dunn

O casal Rita e Kenneth Dunn desenvolveu a partir do próprio ponto de vista, como estudiosos das ciências da educação, uma descrição dos estilos de aprendizagem baseada em dimensões ligadas, em parte, a características individuais, como motivação ou percepção, e em parte a preferências e inclinações. Apesar de ser, para os dias de hoje, uma proposta bastante desatualizada e que em alguns aspectos precisa ser complementada e atualizada, considero-a muito interessante pela perspectiva estritamente didática que propõe. Os autores definem as dimensões dos estilos de aprendizagem baseando-as em elementos da didática que podem ser influenciados e gerenciados pelo educador, como o grau de autonomia do aluno, a organização dos espaços ou a duração de uma atividade. A descrição deles dos estilos de aprendizagem presta-se a ser diretamente relacionada com as escolhas pedagógicas dos professores.

As cinco dimensões dos estilos de aprendizagem (Dunn & Dunn, 1978) incluem uma série de fatores que ajudam os docentes a observar e, depois, descrever as características e preferências de cada aluno. O Quadro 2 resume os elementos propostos pelos dois autores.

Quadro 2 – Dimensões dos estilos de aprendizado (adaptado de Dunn & Dunn, 1978)

<table>
<tr><td rowspan="4">Dimensões ambientais</td><td>Barulho</td><td>Qual quantidade de estímulos auditivos (e visuais) facilita a aprendizagem? O aluno prefere um ambiente com muitos ou poucos estímulos?</td></tr>
<tr><td>Mobiliário</td><td>Qual tipo de mobiliário facilita a aprendizagem? O aluno prefere um mobiliário informal (tapetes, travesseiros, um espaço vazio) ou formal (mesa e cadeira)?</td></tr>
<tr><td>Iluminação</td><td>Que tipo de iluminação facilita a aprendizagem?</td></tr>
<tr><td>Temperatura</td><td>Que tipo de temperatura facilita a aprendizagem?</td></tr>
<tr><td rowspan="4">Dimensão emocional</td><td>Motivação</td><td>Quanta motivação interna o aluno tem? E, consequentemente, quanta estruturação é necessária por parte do educador?</td></tr>
<tr><td>Resistência</td><td rowspan="2">Se o aluno tem uma forte motivação interna, estará mais apto a trabalhar autonomamente, colocando em jogo a própria resistência e o próprio senso de responsabilidade no percurso de aprendizagem.</td></tr>
<tr><td>Responsabilidade</td></tr>
<tr><td>Estruturação</td><td>Se, ao contrário, o aluno não tem uma forte motivação interna, será necessária uma maior estruturação do percurso de aprendizagem por parte do professor. Este, estruturando o percurso, poderá dar um feedback em muitas ocasiões e então alavancar uma motivação de natureza extrínseca enquanto o aluno assim precisar.</td></tr>
<tr><td rowspan="3">Dimensão social</td><td>Individual</td><td rowspan="2">Um parceiro de atividades facilita o processo de aprendizagem? O aluno prefere trabalhar sozinho, em dupla ou em grupo?</td></tr>
<tr><td>Em dupla/em grupo</td></tr>
<tr><td>Com condutor qualificado</td><td>É necessária a condução qualificada por uma pessoa que considera estimável, como um adulto?</td></tr>
</table>

Dimensão física	Percepção	Qual canal sensorial facilita a aprendizagem? O aluno compreende e memoriza melhor através de estímulos visuais, auditivos, táteis ou cinestésicos?
	Alimentação/ ingestão de água	Com que frequência o aluno precisa comer e beber durante a sua rotina escolar? O aluno precisa de uma contínua disponibilidade de comida e água?
	Tempo	Que momentos do dia facilitam a aprendizagem? O aluno aprende melhor em alguns períodos do dia em comparação com outros?
	Movimento	Como o movimento facilita a aprendizagem? O aluno precisa mover-se frequentemente ao longo da sua rotina escolar ou, ao invés disso, precisa de mais relaxamento?
Dimensão psicológica	Estilo global *vs.* analítico	O aluno tem a tendência a ver as coisas em sua totalidade de forma resumida ou de maneira detalhada e pontual? A compreensão do aluno é ajudada quando o conteúdo é representado de forma resumida ou ele prefere ilustrações detalhadas e analíticas?
	Estilo reflexivo *vs.* impulsivo	O aluno tende a reagir rapidamente a um estímulo? O aprendizado do aluno melhora com a introdução explícita de momentos de reflexão ou com exercícios de resposta rápida?

Cada aluno tem, portanto, um estilo próprio de aprendizagem que pode ser descrito com base nas dimensões listadas.

Se compararmos a variedade de estilos de aprendizagem concebidas nesta abordagem com o que acontece em uma sala de aula onde é praticado o ensino tradicional, percebe-se imediatamente como o segundo se prova adequado para alguns alunos enquanto, ao mesmo tempo, mostra-se muito distante de outros. Imaginemos o desconforto dos alunos que prefiram mobiliário informal porque têm uma grande necessidade de movimentar-se ou que têm uma motivação interna que os levaria a trabalhar bem de forma independente ao invés de sob uma rígida estruturação do professor.

Os estilos cognitivos do Grupo MT

Cornoldi, De Beni e outros pesquisadores do Grupo MT (Cornoldi et al., 2001), da Universidade de Pádua, descreveram as diferenças que existem entre os alunos na escolha das estratégias cognitivas utilizadas para resolver uma tarefa. Os autores propõem cinco tipologias de estilos cognitivos que descrevem a propensão constante e estável no tempo, por parte dos estudantes, a escolher uma determinada categoria de estratégias. Isso significa concretamente que é possível falar em estilo cognitivo no momento em que, em contextos diversos (escolares, mas também de vida) e em momentos diferentes do desenvolvimento, uma pessoa tenda a adotar modalidades intencionais e controladas para, por exemplo, tomar uma decisão. Cada estilo é definido por dois adjetivos que, por sua vez, correspondem a dois polos de um estilo, como sistemático/intuitivo. Os diferentes estilos cognitivos estão resumidos no Quadro 3.

Quadro 3 – Estilos cognitivos do Grupo MT (Cornoldi et al., 2001)

Estilo	Contexto que o ativa	Descrição dos dois polos
Estilo sistemático/ intuitivo	Tarefa que requer a descoberta de conceitos e a formulação de hipóteses	Sistemático: trabalha com procedimentos feitos de pequenos passos, considerando todas as variáveis em jogo. Intuitivo: trabalha com hipóteses que buscam confirmar ou refutar algo.
Estilo global/ analítico	Análise da tarefa a ser feita	Global: preferência pela consideração do conjunto. Analítico: preferência pela consideração dos detalhes.

Estilo impulsivo/ reflexivo	Processo de decisão	Impulsivo: responde rapidamente, começa imediatamente uma ação com base nos primeiros elementos que vem à mente. Reflexivo: responde e começa uma ação com precisão, baseando-se em elementos individuais considerados relevantes e suprimindo os irrelevantes.
Estilo verbal/ visual	Percepção, memória e resposta	Verbal: prefere o uso do código linguístico, sobretudo para memorizar as informações aprendidas. Visual: prefere o uso da visualização, sobretudo para memorizar as informações aprendidas.
Estilo convergente/ divergente	Pensamento	Convergente: o raciocínio se desenvolve na direção de metas lógicas e com consequência previsível. Divergente: desenvolve percursos independentes, menos típicos e com menor previsibilidade em relação às consequências, o que pode produzir soluções originais.

Privilegiar um estilo em detrimento de outro não é, em si, mais eficaz ou menos. No caso dos dois polos do estilo sistemático/ intuitivo, por exemplo, ambos podem levar a soluções satisfatórias, mas que diferem quanto ao processo. O estilo intuitivo pode ser extremamente rápido se a primeira hipótese formulada for a correta; o estilo sistemático, ao contrário, requer em geral um tempo maior, mas tem a vantagem teórica de levar a uma solução certa. Às vezes, de acordo com o contexto em que a tarefa é proposta, um ou outro estilo será mais vantajoso. A única exceção nesse sentido é representada pelos polos impulsivo/reflexivo, em que um dos dois – o reflexivo – é claramente mais adaptativo do que o outro.

Efeitos didáticos

Do ponto de vista da didática, pensar a aprendizagem como um processo com características fortemente pessoais leva a ao menos três tipos de efeito.

O primeiro aspecto diz respeito tanto aos alunos quanto aos professores. Também os educadores e educadoras têm, de fato, um modo pessoal de aprender: uma história de vida própria, um perfil intelectual pessoal, preferências quanto a espaços e sociabilidade e uma predisposição em direção a um ou outro estilo cognitivo. É muito importante que os professores estejam conscientes disso, pois, de outra forma, infelizmente é provável que tendam a ensinar do modo como aprendem e que, portanto, o estilo de aprendizagem do(a) professor(a) tenha dificuldades para alcançar todos os alunos da turma, que têm seus próprios e diferentes jeitos de aprender. De maneira concreta, isso significa, para o professor, reservar um tempo para refletir sobre o próprio modo de aprender e conhecer as próprias inclinações e preferências. Com base nessa consciência é importante, de tempos em tempos, repensar as propostas didáticas que são feitas aos alunos, avaliando o quanto elas levam em conta a pluralidade de estilos de aprendizagem que estão presentes em uma turma.

Um segundo efeito didático diz respeito ao modo como os professores percebem os alunos e os alunos percebem uns aos outros. As três abordagens descritas anteriormente requerem um olhar para os estudantes em sua totalidade. Não é suficiente, portanto, o ponto de vista de um professor que conheça uma criança apenas em relação aos elementos que emergem no âmbito da matéria que ensina.

É necessário compartilhar observações e pontos de vista, de modo que se possa dar forma àquele mosaico de informações capazes de representar os diversos aspectos da aprendizagem do aluno. Dessa maneira é também mais provável que se consiga manter em evidência os pontos fortes de todos os estudantes, que podem emergir nas aulas de um certo professor, mas não nas de um outro, seja pela matéria que ensina, seja pela organização que consegue construir.

Graças a essa visão global, capaz de estimular os elementos positivos e de bom funcionamento nos processos de aprendizagem, cria-se para os professores o pressuposto de uma educação que possa aproveitar os recursos de cada aluno.

Além disso, refletir, falar sobre diferenças e perceber as escolhas educacionais no que diz respeito aos espaços, ritmos e materiais são ações que veiculam a ideia de normalidade das diferenças. Cada um aprende de um modo diferente, e isso é explicitado nos discursos e nas práticas cotidianas. Em um contexto desse tipo, também as dificuldades causadas por um distúrbio específico do aprendizado ou a presença de uma deficiência assumem um outro significado – aquele de uma diferença entre muitas outras. Supera-se então a ideia de que exista um grande grupo de alunos mais ou menos homogêneo quanto ao aprendizado e que em separado estejam os diferentes, aqueles com deficiência ou com uma necessidade individual específica.

Isso não significa negar as dificuldades, mas vê-las a partir de um ponto, em um contexto de sala de aula, em que as diferenças de aprendizagem são a norma e onde, portanto, todos têm pontos de força e de dificuldade, certamente em dimensões diferentes e por motivos diversos.

Por fim, os professores que reconhecem a diversidade dos alunos em relação à aprendizagem têm também as informações necessárias para projetar espaços, ritmos, matérias e atividades didáticas que deem conta da diversidade presente. É evidente, porém, que construir um contexto em que todos os alunos, cada um com o próprio modo de aprender, possam encontrar um ambiente que atenda totalmente às próprias necessidades diversas é, no mínimo, utópico. Além disso, não seria nem mesmo desejável.

Não se pode ter uma visão determinista das diferenças de estilos de aprendizagem pensando, por exemplo, que um estudante particularmente dotado na inteligência corporal-cinestésica possa aprender bem apenas através do movimento. Isso não seria benéfico para o próprio aluno, que correria o risco de não chegar a conhecer e dominar outras linguagens importantes que encontrará na vida adulta. É, em vez disso, importante pensar a rotina diária ou semanal na escola em sua totalidade e garantir a utilização de uma gama de propostas que sejam algumas vezes facilitadoras para alguns e desafiadoras para outros, em uma alternância em que todos possam se explorar e se perceber nos próprios pontos de força, sem desistir de trabalhar com as próprias dificuldades.

Personalizar e individualizar

Personalização e individualização na reflexão pedagógico-didática

Os conceitos de personalização e individualização são, há tempos, considerados aspectos fundamentais em uma didática que leve em consideração as características individuais únicas e específicas de cada aluno. Porém, os dois termos não são sinônimos. Ainda que, como será mostrado a seguir, autores e contextos diversos os tenham usado com significados diferentes e nem sempre homogêneos, é justo propor uma clara distinção conceitual. Com base na proposta do pedagogo Baldacci (2005), é possível dizer, simplificando, que a individualização diz respeito às metodologias, às estratégias, aos percursos; por outro lado, a personalização se refere aos objetivos, às competências, às metas a serem atingidas.

Individualizar significa projetar percursos didáticos diferentes para alunos diferentes, mas que levem ao alcance de um mesmo nível de instrução, ao menos quanto às competências de base que são indispensáveis. Esse dispositivo didático visa a uma ideia de equidade que demanda da escola algo "a mais" em relação à paridade de ofertas formativas para todos, ou seja, leva em consideração os resultados, buscando o alcance de algumas competências que sejam comuns a todos apesar das condições pessoais de cada um.

Personalizar, em vez disso, significa orientar-se fortemente pelas diferenças dos alunos e valorizá-las sob a ótica de metas formativas também diferentes. Trata-se, aqui, de permitir a cada um, uma vez que as predisposições e as preferências tenham sido reconhecidas, desenvolver os próprios pontos de força, as próprias excelências.

Do ponto de vista didático-pedagógico, individualização e personalização são dispositivos úteis ao aprendizado de todos os alunos, de um lado por aumentar a eficácia dos percursos que deveriam conduzir ao próprio desenvolvimento das competências de base essenciais e, por outro, por colocar em prática ao máximo possível o pleno desenvolvimento do próprio e único potencial.

Personalização e individualização nos regimentos escolares

Há mais de 40 anos o sistema escolar italiano prevê que todos os alunos entre os 6 e 14 anos, independentemente das suas características individuais, frequentem a escola, em geral a da própria região.

Por sua vez, a Constituição italiana explicita no artigo 34 que "a escola é aberta a todos. A instrução inferior, com duração de ao menos oito anos, é obrigatória e gratuita". Essa ideia se concretizou plenamente com a Lei n. 1.859, de 1963, que estabeleceu a escola média única[7], e em 1971 e 1977, com as primeiras leis sobre a integração dos alunos com deficiência, que criaram as bases para um percurso comum para todas as crianças que tivessem entre 6 e 14 anos (Ianes, 2012).

A mesma Constituição, no artigo 3, implica o Estado também na tarefa de garantir o direito de participação aos cidadãos, com o dever de amenizar os obstáculos sociais, econômicos e culturais que possam limitá-la. Em relação ao tema da educação, isso significa garantir a plena participação nas instituições escolares e a redução ao máximo possível das barreiras que poderiam obstruí-la. Foi na esteira dessa ideia que se estabeleceram, na legislação escolar italiana, uma série de "políticas especiais" que reiteram e salvaguardam o direito ao acesso e à qualidade da educação de alguns grupos de alunos considerados em maior risco de exclusão. A partir daí, surge a Lei-quadro n. 104, de 1992, que descreve uma série de medidas específicas para os alunos com deficiência e, em 1998, para alunos estrangeiros. Ainda mais recentemente (2010 e 2013), foram

---

7. A escola média única previa aulas obrigatórias de religião, italiano, história e educação cívica, geografia, matemática, ciências naturais, língua estrangeira, educação artística e educação física [N.T.].

lançados guias, circulares e notas ministeriais que descrevem medidas e instrumentos para alunos com distúrbios específicos da aprendizagem e, mais genericamente, com necessidades educativas especiais.

É justamente nesse contexto de leis e normas que se faz específica referência aos termos *personalização* e *individualização*, sobretudo nas definições de dois dos instrumentos mais fortes que essas normativas introduziram: o Plano Educativo Individualizado (PEI) e o Plano de Desenvolvimento Personalizado (PDP)[8].

É possível perceber que os termos oficiais usados para nomear essas duas formas de projeção diferenciada não se mostram coerentes com a conceituação pedagógico-didática. É, portanto, particularmente importante entender o tipo de diferenciação que desejam descrever. Por um lado, o PEI inclui a projeção diferenciada para um aluno com deficiência, apresentando objetivos e competências que o aluno, com base no próprio funcionamento, pode atingir a médio e longo prazo, e ilustra também uma série de estratégias didáticas adaptadas. No fundo, há a ideia de que o aluno com deficiência tem o direito a uma personalização e, portanto, à diferenciação dos objetivos formativos se o seu funcionamento assim o requer. Por outro lado, com o PDP, mira-se a definição de uma série de estratégias educativas diferenciadas para alunos, com base no diagnóstico clínico – por exemplo, para distúrbios específicos da aprendizagem – ou com base em uma avaliação feita pelo Conselho de Classe no caso de outras necessidades educativas especiais, caso seja necessário. Nesse caso, é especificado que, salvo exceções, esses alunos têm o direito de alcançar as competências disciplinares mínimas, mesmo fazendo uso de instrumentos compensatórios e, de acordo com a necessidade, de medidas dispensáveis. No centro dessa forma de projeção diferenciada há, portanto, o conceito de individualização, da projeção de instrumentos de suporte e meto-

8. Nomes destas diretrizes na Itália: Piano Educativo Individualizzato (PEI) e Piano Didattico Personalizzato (PDP) [N.T.].

dologias facilitadoras para atingir os mesmos objetivos curriculares dos colegas – ainda que em algumas formas de personalização esteja implícita a aplicação de medidas dispensáveis.

Para além dessa confusão de termos, que é importante esclarecer desde o início, essa série de normas tem, implicitamente (e é provável que não de forma intencional), veiculado a ideia de que exista um percurso didático para todos – ou, melhor dizendo, para a maior parte dos alunos – e, em seguida, uma série de individualizações e personalizações para alunos que, por motivos diferentes, vivem uma condição de dificuldade que agora é também bastante tutelada do ponto de vista legislativo. À diferença daquilo que propõe a reflexão pedagógico-didática, individualização e personalização não são aqui propostos como dispositivos didáticos para todos os alunos, mas, em vez disso, para alunos com deficiências, com algum transtorno específico da aprendizagem (TEAp) ou, de maneira mais genérica, com alguma necessidade educativa especial.

Essas políticas de fato instituíram alguns instrumentos que podem veicular esse modo de interpretar a individualização e a personalização; o mais potente é, a meu ver, o da projeção diferenciada. Nele, é prevista uma programação para a turma ancorada no currículo da escola (construído com base nas diretrizes nacionais) e incluída no PEI e no PDP que descreve o percurso diferente de cada aluno. Tal percurso é o caminho reservado aos alunos com uma necessidade educativa especial, mas não existe um instrumento de programação que garanta individualização e personalização a todos os outros alunos com base nas diferenças ligadas às suas histórias de vida, aos perfis de inteligência, aos seus estilos de aprendizagem ou ao seu estilo cognitivo.

Esse modo de pensar na individualização e na personalização como reservadas aos alunos com necessidades educativas especiais comporta duas problemáticas. A primeira é ligada ao discurso da equidade. É certamente verdadeiro que alunos com necessidades educativas especiais têm uma demanda muito marcada de poder seguir percursos de aprendizagem individualizados e personalizados, mas eliminar para todos as barreiras a uma instrução de qualidade, como auspiciado pela Constituição italiana, significaria conseguir interceptar todos os alunos nos seus percursos pessoais de aprendizagem e dar a eles os instrumentos, espaços e ritmos adaptados de forma a torná-los mais ricos e eficazes. Significaria, portanto, conseguir individualizar e personalizar para todos.

A segunda problemática consiste no grande desgaste que essa imposição gera aos professores. Se pensamos em um professor que quer propor a leitura de uma fábula em sala de aula e queira assegurar a todos os alunos a compreensão daquele texto, devemos imaginar as dificuldades com a escolha de uma fábula adequada a todos e com a organização da sala de modo que cada aluno possa ler individualmente o texto, além de uma simplificação do texto em imagens e frases breves para o aluno com deficiência intelectual, e ainda a leitura em voz alta para o aluno com dislexia que não consegue ler autonomamente e, por fim, não pode esquecer-se das necessidades especiais do aluno que chegou há dois anos do Marrocos e que está aprendendo muito rapidamente a nova língua, mas que ainda tem diversas dificuldades na compreensão de termos pouco comuns e estruturas gramaticais e sintáticas mais complexas. Assim, já temos, diante de nós, um professor que deve preparar quatro percursos diferentes. Pensemos em como se sentirá no momento em que a reflexão didática que estamos levando adiante requerer também atenção ao fato de que alguns alunos elaboraram melhor a história e que poderiam de algum modo colocá-la em prática, que alguns se concentram melhor sentados nos próprios bancos, enquanto outros se beneficiariam em poder sentar-se no chão...

Em síntese, pensar em um percurso "para a turma" que depois seja adaptado pelo professor para os alunos que necessitem (em potencial, todos), levando em consideração todas as suas diferenças, requer grande esforço e é, obviamente, destinado a falhar.

Uma nova (ou talvez velha, mas que nunca foi totalmente realizada) proposta

A abordagem fortemente centrada no professor do ensino tradicional e, por consequência, da aprendizagem é uma das causas desse modo de ver os processos de individualização e personalização. Se o professor é o ator principal de uma aula, em um papel central e de tão grande responsabilidade, surge também um grande cansaço. É o educador que deve estar a cargo de compreender todas as diferenças dos alunos e de projetar coerentemente uma proposta didática que seja capaz de dar conta delas. É seu o dever de explicar de modo eficaz, de predispor os materiais mais adequados, de projetar o ritmo da atividade que seja conveniente para cada um, de sustentar também afetivamente no melhor modo cada aluno no seu percurso de crescimento pessoal...

Administrar uma turma quando se compreende a grande heterogeneidade presente entre as alunas e os alunos que se tem à frente nunca será uma tarefa fácil. Acredito, porém, que a gestão de todas essas diferenças possa tornar-se mais sustentável se o professor se colocar um pouco de lado e, assim, aumentar a participação ativa dos estudantes. Isso não significa abdicar do papel de guia e de adulto em relação aos sujeitos em formação, mas sim fazer-se diretor em vez de protagonista e ir em cena com a turma toda. Ao professor, certamente cabe ainda o trabalhoso dever de pensar no roteiro com o qual organizar os percursos de aprendizagem na sala de aula, mas, quando se entra em cena, todos vão juntos. O professor propõe algumas sugestões (ambiente, instruções, materiais), mas são as crianças que os fazem. São os alunos e alunas que aprendem a conhecer a si mesmos e os colegas de classe e que, aos poucos, aprendem também a assumir a tarefa de fazer escolhas para si e colocar-se à disposição da turma. Uma vez feito isso, os estudantes poderão ser recursos e contribuir ativamente para projetar e atuar na individualização e na personalização.

Neste volume serão apresentadas cinco abordagens didáticas que permitem tais mudanças de papel. Na reflexão pedagógica, não se trata de perspectivas novas ou originais, mas elas são aqui apresentadas sob dois pontos de vista que acredito que podem torná-las particularmente relevantes para o panorama didático atual. Em primeiro lugar, de cada abordagem faz-se emergir o caráter inclusivo: é sempre explicitado como o modo de ensinar e aprender descrito consegue levar em consideração as diferenças dos alunos na sala de aula e torná-los conscientes disso, de modo a poderem envolver-se em primeira pessoa na ativação dos percursos individualizados e personalizados. Em segundo lugar, para cada abordagem descrita, os autores se esforçaram para fornecer instrumentos e exemplos práticos que contribuam para uma sempre maior difusão no cotidiano escolar de abordagens que já há muito tempo são discutidas na pedagogia e na didática, mas que ainda encontram dificuldades para serem amplamente implementadas nas escolas italianas.

O primeiro capítulo, redigido por Elisabetta Biffi, descreve o *método autobiográfico*, uma abordagem que coloca no centro da própria reflexão a narração, com palavras ou outras linguagens, das histórias de vida. Trata-se de uma proposta que ajuda professores e alunos a escutar, respeitar e valorizar as diferenças individuais ligadas à bagagem de experiências que cada um carrega consigo. Essa abordagem ativa os grandes recursos da consciência e as competências que os alunos carregam da sua própria vida fora da escola para dentro da sala de aula, bem como promove o desenvolvimento da identidade em um jogo de memória e consciência de si, mas também de reconhecimento no outro e em uma história comum.

No segundo capítulo, Barbara Caprara introduz e discute a *abordagem Montessori* e a sua possível contribuição na gestão da heterogeneidade. Nela, é evidenciada a importância de observar com profundo respeito o aluno e a sua personalidade para depois criar um ambiente harmônico e simples no qual colocar à disposição materiais adequados ao mundo da criança, de forma ordenada e atraente. É então o aluno que escolhe o seu material, de acordo com os próprios interesses e no seu próprio tempo. Entre todas as abordagens apresentadas, é aquela mais fortemente acompanhada de metodologia, por exemplo, na atitude do professor e na introdução dos materiais. É portanto, de certa forma, uma proposta mais radical que, se for escolhida, deve ser cultivada com algum rigor.

No capítulo seguinte, descrevo e reflito sobre a proposta da *didática aberta*, abordagem não muito conhecida na Itália mas amplamente debatida há pelo menos 30 anos nos países de língua alemã. É uma proposta que visa dar amplo espaço à liberdade de escolha dos alunos e que propõe uma série de metodologias e instrumentos que acompanham os alunos na estruturação e na organização das suas escolhas. O aprendizado manifesta-se fortemente descentralizado e individualizado: na sala de aula os alunos fazem coisas diferentes ao mesmo tempo, cada um ocupado em um percurso próprio. O professor assume o papel de conselheiro e ajudante, se necessário.

No quarto capítulo, Giuseppina Gentili traça uma didática baseada na valorização das *inteligências múltiplas* caracterizadas por Gardner. Trata-se de uma didática que põe uma forte atenção na individualização dos pontos fortes de cada criança com a convicção de que, se reconhecemos que não existe um só modo de ser inteligente, então cada um o é a seu modo. No capítulo é descrito como um professor pode compreender o perfil de inteligência de cada aluno e a partir de então projetar atividades em que as crianças possam aproveitar seus próprios pontos fortes para desenvolver competências e conhecimentos.

No quinto capítulo, Anna La Prova trata da *aprendizagem cooperativa*. Nesse escrito, a metodologia é descrita como uma proposta em que os alunos, em trabalhos feitos em pequenos grupos, aprendem a conhecer e a explorar como recursos as próprias diferenças. A autora descreve atividades em que os alunos superam a ideia de ajuda, em que um aluno mais capaz sustenta um colega que esteja em dificuldade, e são levados a uma justa troca na qual cada aluno pode, através de uma atenta atribuição de papéis e tarefas (baseadas nas características de cada um) participar plenamente na completude do trabalho em grupo.

Chegamos então ao sexto capítulo, de natureza diferente da dos outros. Trata-se de uma reflexão de Francesco Zambotti sobre o *papel das tecnologias* em uma educação inclusiva. O capítulo se propõe a ser uma pequena introdução ao "espírito" que guiou a construção de alguns anexos inseridos nos capítulos sobre metodologias[9]. É nossa convicção que as tecnologias não têm um verdadeiro significado por si só, mas que os seus valores e sentidos são estritamente ligados às situações didáticas em que são empregados. Aí está o motivo pelo qual, neste livro, escolheu-se tratar do tema das tecnologias *em contexto*, avaliando o tipo de contribuição que podem fornecer às diversas abordagens descritas nos capítulos citados. Em cada anexo inserido são então descritos instrumentos tecnológicos que podem contribuir para uma melhor realização de alguns dos aspectos característicos das metodologias apresentadas.

Cada capítulo segue uma estrutura comum, de modo a tornar mais fácil para o leitor orientar-se entre as várias abordagens descritas e compará-las entre si. Em linhas gerais, para cada metodologia serão encontradas informações relativas:

- aos princípios e bases da abordagem, com seus referenciais teóricos;
- à organização, com algumas reflexões sobre o papel do professor, do aluno e da forma como assumem os espaços, ritmos e materiais de aprendizado;
- à programação, ao planejamento e à preparação das aulas com a descrição de tais escolhas, reflexões e ações que devem ser feitas para poder realizar de modo eficaz a abordagem descrita;

9. Não há indicações sobre instrumentos tecnológicos digitais ao fim do capítulo sobre o Método Montessori, pois isso abriria um campo de reflexão amplo e complexo demais para ser tratado neste volume.

- à avaliação, com reflexões dos autores sobre os instrumentos e métodos de avaliação coerentes com a abordagem que está sendo abordada por eles.

Há também alguns exemplos de aplicação que buscam ilustrar as ideias descritas no capítulo e facilitar a experimentação em sala de aula dessas abordagens.

Para concluir, desejo que este texto seja útil para os professores na construção de uma educação mais inclusiva e, por isso, mais capaz de garantir plena participação e aprendizado de qualidade a todas as crianças nas suas salas de aula. Muitas vezes senti, entre os professores, forte adesão aos valores de uma didática pensada realmente para todos e cada um, mas, na mesma proporção, compartilhei do desânimo diante da pergunta "Sim, mas como se faz?"

Espero que neste volume possamos encontrar algumas respostas válidas.

Referências

Baldacci, M. (2005). *Personalizzare o individualizzare.* Erickson.

Cavalli, A., & Argentin, G. (2010). *Gli insegnanti italiani: come cambia il modo di fare scuole.* Il Mulino.

Cornoldi, C., De Beni, R., & Grupo MT (2001). *Imparare a studiare 2.* Erickson.

Dunn, R., & Dunn K. (1978). *Teaching students through their individual learning styles: a practical approach.* Ally and Bacon.

Gardner, H. (1987). *Formae mentis.* Feltrinelli.

Gentili, G. (2011). *Intelligenze multiple a scuola.* Erickson.

Ianes, D. (2012). Inclusività e integrazione nella scuola italiana. *Italianieuropei 3,* 77-82.

1

O método autobiográfico

Elisabetta Biffi

1.1 Princípios e bases do método autobiográfico

1.1.1 O que se entende por "método autobiográfico"?

Traçar os contornos do método autobiográfico é algo bastante complexo; para tal, são necessárias áreas do saber que são afins mas também outras que são distintas, que conectam a literatura (pensando a autobiografia como um gênero literário), a história (dado o papel relevante assumido pelos escritos biográficos no desenvolvimento das disciplinas históricas) e, ainda, todas as ciências humanas. Por trás dessa abordagem existem os pressupostos de um pensamento que se constrói como narrativa (Bruner, 1992; Smorti, 1994), do conhecimento como compreensão hermenêutica do mundo e de si como texto (Gadamer, 1986; Ricœur, 1989) e de uma pesquisa idiográfica fundada nas narrações (Clandinin & Connelly, 2000) e nas histórias de vida (Demetrio, 1999a; Merrill & West, 2012; Pineau, 1993).

Cruzando os limites do campo pedagógico, a escrita biográfica remete a um método formativo (Canevaro et al., 2000;

Cocever, 2010; Cocever & Chiantera, 1996; Formenti, 2000; Moroni, 2006), a um método consultivo e de cura (Demetrio, 1995, 2008) e a um método didático (Biffi, 2010a, 2012; Demetrio, 2007; Demetrio & Favaro, 2002; Formenti & Gamelli, 1998; Orbetti et al., 2005), tudo dentro de uma visão do educar e da educação como estritamente narrativa (Demetrio, 2012; Biffi, 2010b). Nesse sentido, o significado de "autobiográfico" faz referência tanto a uma abordagem quanto a um método. Veremos agora em detalhes o que isso significa.

1.1.1.1 A autobiografia como abordagem

Em primeiro lugar, a abordagem autobiográfica se conecta a uma perspectiva que vê a educação como narração (Demetrio, 2012) e, ao mesmo tempo, os sujeitos envolvidos como protagonistas e narradores das próprias histórias de vida (Biffi, 2010b). Na intervenção educativa, de fato, articulam-se histórias e vidas – a do educador e a do educando, mas também a dos responsáveis pela estrutura que acolhe e dá sentido à intervenção – que, nesse encontro, dão origem a uma nova história: a que diz respeito à relação educativa em si. Estamos, portanto, em um território cheio de histórias que se entrelaçam e que enriquecem umas às outras, constroem-se juntas e lembram a cada um de nós o quanto a nossa própria história é inseparável das histórias daqueles que nos geraram, daqueles que encontramos e daqueles que desencontramos. Simultaneamente, porém, "cada história é um caso único e irrepetível", como nos recorda Duccio Demetrio (2002, p. 65). Essa consideração é óbvia e preciosa ao mesmo tempo, importante para compreender em que termos o uso da autobiografia é um tipo de abordagem no pensar a educação, antes mesmo de colocá-la em prática.

Tais reflexões, portanto, ajudam-nos a manter em mente algumas noções sobre as quais se direciona a abordagem autobiográfica, ou seja: que não se parte jamais do zero, que não se sabe o que virá a seguir e que fazemos todos parte da mesma história.

"Na creche eu aprendi a escrever o meu nome, mas eu sabia o meu nome há tanto tempo!", escreve uma das crianças envolvidas no trabalho diário de Luisa Mattia (2009, p. 38). Também nesse caso estamos diante de uma consideração que parece de todo óbvia, mas que, implicitamente, obriga o adulto a fazer uma reflexão. Uma abordagem autobiográfica à educação convida, de fato, a pensar o outro, que vamos conhecendo na relação educativa, não como um sujeito que "nasce" no momento do encontro (que era, por exemplo, *criança* enquanto frequentava o ensino infantil, mas que nasce *aluno* apenas quando ingressa no ensino fundamental), mas sim como um sujeito consciente e competente que tem sua história iniciada muito antes, que traz no encontro com o adulto-educador uma própria cosmovisão e um próprio saber sobre si e sobre o mundo. Sejamos bem claros: estamos falando de aspectos que a pedagogia geral tem há muito tempo enfatizado e evidenciado – aspectos que, nesse sentido, não foi a abordagem autobiográfica que introduziu. Principalmente, porém, a abordagem autobiográfica fez de tal conhecimento a base da construção de um processo educativo. É como se dissesse que não é possível fazer de outro modo: esse trabalho individualizado não é, logo, uma "escolha", mas inevitável consequência do ser diante de um sujeito que tem a própria história, uma própria vivência, uma própria memória de vida que endereça aquilo que acontece no presente. Não nos termos, é bom especificar, de uma irreversível determinação histórica, mas, em vez disso, da necessidade de pensar a criança/aluno que se tem diante de si como já "sábio" no que diz respeito às "coisas da vida", em relação à sua história e a si mesmo. Tal olhar obriga o adulto, então, a colocar-se na posição não apenas de quem deve *dizer ao outro*, mas de quem deve *escutar o outro*, para compreendê-lo, para acolher aquilo que ele já sabe e para reconhecer as suas competências.

A abordagem autobiográfica é fundamentada na ideia de um conhecimento que não sabe que caminho tomará. Isso porque o trabalho educativo é portador de um paradoxo: age no presente, com base no passado, direcionado a um futuro que, porém, o educador/ professor não conhece. Mais uma vez, nada de novo no que concerne à reflexão pedagógica. Ainda uma vez mais, porém, a abordagem autobiográfica faz de tal conhecimento um recurso precioso para a intervenção educativa. O professor que encontra os seus alunos no primeiro ano do ensino fundamental sabe que – no máximo e talvez irrealisticamente – irá acompanhá-los até o quinto ano. Sabe já que o seu tempo de trabalho com aquelas crianças é determinado, limitado no tempo. Sabe que terá feito um bom trabalho se aqueles alunos, ao fim do seu percurso juntos, não precisarem mais de seu auxílio. O trabalho educativo é, assim, sempre voltado ao seu exaurimento, e sua qualidade e eficácia são correlatas à capacidade de fazer com que aquele trabalho não seja mais necessário. A intervenção educativa tem, de certa forma, no seu próprio fim o objetivo original. Isso significa, ademais, que não é possível saber *a priori* o que acontecerá depois, no futuro, quando aquela relação se concluir. Significa, para um professor, não saber quais estradas tomará aquele aluno depois do encontro deles; não saber se realmente será capaz de enfrentar autonomamente os desafios que encontrará; não saber se, a longo prazo, o seu trabalho terá sido eficaz. O professor, assim como cada adulto envolvido no educar, vai, portanto, construindo, dentro de si, passo a passo, a imagem futura daquela criança que tem diante de si no presente. Temos uma ideia de que tipo de adulto queremos educar, ainda que implícita ou inconscientemente, e tal visão é um guia silencioso ao nosso agir educativo. A partir disso, a abordagem autobiográfica convida o professor, o educador, a ser consciente, porque frequentemente tal imagem, tal visão, foi sendo construída com base na própria história pessoal, de adulto e de professor. Às vezes, inclusive, essa história é intrinsecamente conectada à mesma motivação que o levou a escolher tal profissão. "Cada pensamento nosso é resultado daquilo que nós conhecemos anteriormente. É, portanto, autobiográfico. O nosso dever é incrementar esse conhecimento crescente através da prática: escrevendo, pintando, encenando as nossas histórias familiares" (Demetrio apud Orbetti et al., 2005, p. 8): as palavras de Demetrio convidam o professor a ir ao encontro da própria história, com as suas próprias motivações profissionais, com a sua própria visão sobre o trabalho que vai desenvolvendo e seu significado, a fim de que tais aspectos não sejam inconscientemente vetores da própria intervenção, mas possam tornar-se aliados fundamentais na construção de sentido do próprio fazer cotidiano e do próprio ensinar.

Terceiro aspecto: a abordagem autobiográfica se baseia na consideração, de forma constante, de que somos todos parte da mesma história, tanto a *história* idiográfica, inerente àquela relação, quanto a *História* como processo coletivo de eventos culturais e sociais. Pensar-se como parte de uma história e da História significa, portanto, pensar na moldura mais ampla que contém e sustenta também aquele encontro, alargando o horizonte de referência sem perder de vista as trajetórias de sentido – micro e macro – que atravessam aquela relação específica. Isso nos lembra, assim, que a história daquela relação professor/aluno deve ser relida enquanto dentro da história daquela turma, que por sua vez deve ser lida como parte da história daquela instituição, que fala da história daquele território e assim por diante. Trata-se de um jogo de referências que alarga os espaços de projeção e compreensão daquele acontecimento e que convida a não pensar que sempre e tudo se joga no espaço estreito do *vis-à-vis*.

Como tentamos aqui demonstrar, se por um lado a abordagem autobiográfica requer um olhar capaz de pensar o indivíduo, por outro lado não se fecha em um isolamento solipsista, mas sim convida a uma complexidade na leitura e na interpretação dos eventos que conduzem o indivíduo ao mundo, para depois voltar ao indivíduo, em um pensamento circular que, traduzindo uma eficaz imagem de Elena Pulcini (2009), convida o indivíduo à "responsabilidade de mundo".

1.1.1.2 A autobiografia como método

Se a *autobiografia* refere-se a uma abordagem pedagógica específica, ao mesmo tempo ela se expressa como um método para educar, formar e ensinar que é derivado diretamente da abordagem mencionada.

Duccio Demetrio (1995, 2008, 2012) explica isso em diversos trabalhos: precisamos ser educados na narração, precisamos de *método*; se de fato é verdadeiro que o contar histórias faz parte do processo de construção do sentido da experiência, como mostrou Jerome Bruner (1992), esse contar de si, dos outros e do mundo requer uma educação para a narração – educação que acontece quando se cresce em um contexto em que as histórias circulam livremente, em que seja comum contar de si e pedir aos outros que também o façam. O método autobiográfico, então, como explica Demetrio (1998, p. 47),

> revela desse modo a sua intrínseca versatilidade, pois, ao mesmo tempo que é uma vivência heurística, é também uma vivência pedagógica. Permite que nos conheçamos e reconheçamos, que organizemos meticulosamente o que nos aconteceu e aquilo por que passamos, mas, não menos importante, permite-nos ir além de qualquer investigação ou etiqueta classificatória e ordenadora, gerando [...] outro e ainda outro pensamento narrativo e poético, que desalinha imagem e representação e, às vezes, o próprio significado da autobiografia e de seus modelos.

O método autobiográfico é, então, de certa forma um método recursivo e também reflexivo (Demetrio, 2008), um caminho não linear ou consequencial, mas duvidoso e retrospectivo, que se move constantemente atravessando a linha temporal entre passado, presente e futuro em busca de conexões de sentido, de releituras possíveis e de traços que permitam ao indivíduo pensar sobre si e sobre o mundo. Um ensino que remeta ao método autobiográfico é, por sua natureza, incerto, duvidoso e flexível. Assim nos relembram Orbetti, Safina e Staccioli, em suas reflexões sobre o trabalho autobiográfico na escola: "Para transitar entre as crianças através daqueles lugares internos que a autobiografia revela é necessário reconhecer-se no comportamento da dúvida como método, com a consciência de não representar, como condutor, um ponto de vista privilegiado" (Orbetti et al., 2005, p. 29). Se cada um colocar a própria história como central, apenas seu protagonista e seu narrador podem ser reconhecidos como "especialistas", apenas ele/ela poderá contar a própria leitura de mundo. Adotar a abordagem aqui defendida significa reconhecer o outro como portador de um saber autêntico e de importância, com uma inversão de perspectiva em comparação com uma visão que entende o professor como "aquele que sabe" e o aluno como "aquele que ainda não sabe".

1.1.2 De que modo o método autobiográfico contribui para a gestão da heterogeneidade?

Com base no que foi dito até agora, talvez já seja possível intuir os motivos que tornam esse método útil ao pensamento – e então à gestão – da heterogeneidade em uma turma: porque a assume como inevitável, porque se baseia no reconhecimento do fato de que cada sujeito é único e portador da própria história. A diferença é, por assim dizer, um dos pilares do método autobiográfico, que considera o quanto cada um seja único e irrepetível, não disponível a qualquer homologação. Além do mais, o método autobiográfico promove o processo de *reflexão* sobre a própria identidade e a *construção* desta, dando suporte ao sujeito na busca do sentido da própria história e da sua própria colocação nela. Trata-se, portanto, de um trabalho que visa investir nas possibilidades do indivíduo de repensar-se a partir da própria unicidade. Nesse sentido, uma didática autobiográfica é baseada em uma postura ética de respeito e consciência em relação à heterogeneidade inevitavelmente presente em qualquer comunidade humana, incluindo aquela escolar.

Simultaneamente, mesmo após o reconhecimento idiográfico de cada história, o trabalho autobiográfico convida à construção de um território comum. É interessante, ao pensarmos no papel de uma abordagem autobiográfica na gestão da heterogeneidade, o que Demetrio e Favaro (2002) defendem no que diz respeito ao ensino intercultural: a possibilidade de dar voz a histórias singulares e únicas significa também dar espaço à busca pela transversalidade dos aspectos universalmente presentes e que remetem à nossa natureza humana. Nesse sentido, seriam os próprios enredos do cotidiano – não os aspectos excepcionais e excêntricos, mas sim os gestos cotidianos e comuns (como se almoça, como se brinca e assim por diante) – a reconduzir as diferenças para o interior das trajetórias de sentido que são capazes de criar uma comunhão de escuta e recíproco reconhecimento.

Por fim, o método autobiográfico baseia a própria didática no ato de partir de si mesmo; considera como válido e necessário aquilo que o sujeito traz para a relação. O processo de aprendizado é, assim, pensado de fato a partir daquilo que o outro já sabe e daquilo que o outro já sabe fazer, considerando isso um dado necessário. Se trata, portanto, de uma abordagem inevitavelmente individualizada porque construída sobre e para aquele indivíduo, a fim de tornar as peculiaridades isoladas de cada aluno um recurso para a classe como um todo, cuja história se baseia, de fato, na interseção entre as histórias dos seus componentes.

1.1.3 Algumas metodologias

A passagem de método à metodologia não é óbvia. O chamado às metodologias pretende, de fato, reconectar as práticas ao sentido do método que as sustenta. Dessa forma, as metodologias do trabalho autobiográfico se reconectam a uma ideia de um método idiográfico, conectado ao indivíduo e à sua própria história, irrepetível e não conforme. As metodologias da abordagem autobiográfica não remetem a *técnicas*, mas a *posturas*, a capacidades do docente de pensar-se pesquisador atento daquilo que encontra em campo, porque é justamente esse o material com o qual deverá trabalhar. A postura do docente autobiográfico exige envolvimento ao mesmo tempo que ele se coloca em jogo, sente-se parte daquela história coletiva e é capaz de pensar-se como um pesquisador que faz parte e participa daquilo.

O método autobiográfico integra, então, o grupo de metodologias que são construídas em campo, com base no contexto real no qual se vai intervindo, mas a partir de uma caixa de ferramentas feita de histórias, de narrações e de memória.

1.1.3.1 A narração

A narração é pensada como fio condutor do trabalho autobiográfico, que se configura como processo, ao mesmo tempo, de construção e de compartilhamento da história que se está narrando. Ao contar histórias, de fato, damos corpo ao nosso pensamento, tornamos este visível a nós mesmos e compartilhável com os outros. O plano da criação e da comunicação são, assim, entrelaçados no processo narrativo, que não só visa produzir sentido, mas também a fazê-lo objeto comum aos outros. A narração é, portanto, sempre ação transitiva: narra-se alguma coisa a alguém (Jedlowski, 2000), esse é o ato por meio do qual um sujeito conta alguma coisa a alguém (Genette, 1976), e é a própria natureza relacional da narração que a torna terreno de uma educação possível. A narração a qual se refere o trabalho autobiográfico é sempre uma narração de si – mesmo quando é narração do mundo –, pois solicita ao sujeito narrador colocar-se em jogo e compartilhar a partir do próprio ponto de vista. Vale ressaltar que esse compartilhamento não é sempre baseado nas palavras *ditas*: o trabalho autobiográfico acolhe as múltiplas linguagens do narrar e do narrar-se; expressa-se na palavra dita, na escrita, mas também nas linguagens expressivas, no corpo e na imagem (Mancino, 2010). Há histórias que precisam de palavras para serem escutadas, outras que necessitam de páginas para serem lidas, outras ainda para as quais se preferem telas para serem observadas. As metodologias autobiográficas investem, então, exatamente na heterogeneidade das linguagens, de modo que todas as histórias possam encontrar a própria voz e todos os narradores possam encontrar o próprio canal expressivo. Pensar, de fato, que cada história é única e que o é também cada narrador significa não impor necessariamente um só modo de contar, como se um fosse melhor do que os outros. Isso vale sobretudo quando se está iniciando um trabalho autobiográfico e que, portanto, não se conhece bem ainda os narradores com os quais se irá trabalhar. Aí mesmo é que é necessário calibrar os instrumentos e possibilitar que todos reconheçam aquilo com o que mais se identificam, para depois passar a explorar as múltiplas formas que a própria história pode assumir.

Entre todas as linguagens possíveis, a escrita é a que requer mais atenção quando introduzida na escola como instrumento de narração de si. Na sala de aula, a escrita assume um papel extremamente específico: o de ser objeto e instrumento de estudo ao mesmo tempo. Além disso, é inevitavelmente veículo e objeto de avaliação. Mas o escrever, dentro de territórios autobiográficos, tem uma ênfase diferente, que deriva dos processos de pesquisa e descoberta que visam identificar a palavra *certa* (entendida como palavra *autêntica* e não como palavra correta), que permite dar voz a um próprio sentir. É possível, entretanto, que alguns alunos experimentem o limite do próprio vocabulário e das próprias competências técnicas, necessitando então de suporte dos professores. A intervenção do professor serve justamente para colocar-se a serviço do pensamento e da vontade do estudante, para ajudá-lo a encontrar uma palavra ou a formular uma expressão. Não se trata, porém, de um desinteresse quanto à forma, mas o oposto: a escrita autobiográfica leva justamente à busca de uma forma *bela*, pois esta será a forma da sua própria história, em um autorreconhecimento do aluno ao longo do processo da escrita. Logo, o trabalho de aprendizagem através da escrita parte de um trabalho de pesquisa funcional de contar-se, dar-se forma. O trabalho autobiográfico através da linguagem escrita se faz assim recurso precioso também para aprender tal linguagem, com uma vontade propositiva e ativa por parte do estudante.

É importante levar em consideração esses aspectos para que a escrita não se torne instrumento de poder, divisor de águas entre quem a padroniza e quem não o faz. Por outro lado, o investimento cultural e social nos processos de alfabetização conduzidos ao longo do último século ensinou muito a respeito do aprendizado da leitura-escrita como chave para a emancipação e a plena cidadania dos povos. Em nível individual, tais processos se transformam na possibilidade, para quem adquire a escrita, de fazer ouvir a própria voz, de sentir-se parte de uma comunidade, de descobrir a beleza do próprio pensar e sentir. Exemplar, nesse sentido, é a experiência de Elisabeth Bing (1977) e de seu trabalho com jovens que não dominavam plenamente a técnica da escrita: a aquisição do sentido do belo na própria produção escrita se desenvolvia ao mesmo passo que a aquisição da possibilidade de pensar-se em termos estéticos e de dar voz ao próprio pensamento e às próprias vontades, com um resgate de si extremamente vital.

Narrar-se, que pode traduzir-se no "escrever mas não só", torna-se então instrumento através do qual o trabalho autobiográfico ganha vida e se desenvolve. As metodologias autobiográficas se conectam com todas as outras metodologias que têm na sua base a narração, encontrando ainda em Gianni Rodari (1997) e na sua *Grammatica della fantasia*[10] uma referência fundamental, assim como no trabalho de criadores de histórias, infantis ou não (Mattia, 2011).

1.1.3.2 A memória

O segundo pilar da metodologia autobiográfica é o trabalho com a memória. O trabalho autobiográfico, de fato, é ativado a partir de processos de reevocação e recomposição do próprio passado, com o intuito de redefinir o presente e imaginar o futuro (Demetrio, 1998). Essa memória é entendida, porém, não como arquivo estável e insondável do passado percorrido, mas principalmente como

---

10. Publicado no Brasil em 2021 pela Summus, com o título *Gramática da fantasia* e tradução de Antonio Negrini [N.T.].

laboratório pulsante e em contínua redefinição de quem busca ler, à luz de si no presente, as memórias de si no passado. Nesses termos, os processos da memória são mais próximos do trabalho de imaginação que de reconstrução; a tal propósito, Duccio Demetrio (1998, p. 16) argumenta: "Imaginar a memória é transformar o já vivido em possível. [...] Crescemos, portanto, na curiosidade pelo desenvolvimento dos eventos, pelo fim do romance, pelo destino e pela sorte".

As metodologias do trabalho autobiográfico se nutrem, então, dos eventos passados, mas o fazem de acordo com um referencial que não busca a *verdade* do fato narrado, mas a *autenticidade* da história (Biffi, 2014). Nesse sentido, trata-se de um processo que atravessa todas as fases definidas por Demetrio (1998):

- reevocar, ativando a memória a partir das sensações e das percepções;
- recordar, reconstruindo o episódio passado;
- relembrar, refazendo a trama que conecta um episódio ao resto da própria história.

O trabalho autobiográfico se baseia, portanto, em uma natureza intrinsecamente reflexiva: "Na medida em [...] que o pensar retrospectivo é gerador de perguntas sobre o sentido do próprio existir, sobre os significados das relações eu-você-nós, sobre o lugar que o passado ainda ocupa no presente que antecipa o futuro, a relação que o autobiógrafo tem com outras dimensões do ser ativa iniciações ou revisitações de tom filosófico" (Demetrio, 1998, p. 107). É nesses termos que as metodologias autobiográficas vão se construindo a partir da situação dada e da perspectiva dos objetivos que se deseja alcançar, sempre, porém, atravessando – por meio da narração – os territórios reflexivos da memória.

1.2 A organização do método autobiográfico

O método autobiográfico prevê uma modalidade flexível e dialógica para a construção da relação de ensino-aprendizagem. Como foi visto até agora, ainda que existam pontos consolidados na abordagem autobiográfica, muito se constrói a partir dos sujeitos e do contexto no qual se intervém. O trabalho autobiográfico é sempre e em qualquer caso um trabalho *laboratorial*.

Retornaremos a essa passagem em breve, quando será definida a organização do tempo e dos espaços na abordagem autobiográfica. Por enquanto, porém, é necessário esclarecer em que sentido o método autobiográfico contém uma natureza laboratorial.

Em primeiro lugar, trata-se de uma abordagem em constante evolução. Até mesmo a extensão da própria autobiografia, lembra-nos Demetrio (1995) em *Raccontarsi*[11], não pode dizer-se definitiva: apenas terminado o texto, o seu autor já estaria pronto para uma nova versão, à luz das reflexões que a primeira escrita produziu. A autobiografia é, logo, um processo que, embora preveja a construção de produtos, não tem em tais produtos o seu fim.

Em segundo lugar, a abordagem autobiográfica precisa de uma organização adequada, que seja capaz de acolher e incentivar as histórias no seu processo de formação e constituição. Uma organização que, quase ritualmente, indique aos alunos que se está para dar início a um trabalho específico para o qual será importante, mais do que qualquer outra coisa, ter um clima de recíproco acolhimento e escuta. A capacidade de esperar, de escutar os outros de modo acolhedor e sem julgamentos é, portanto, parte constituinte do laboratório autobiográfico, que se faz contexto para que as narrativas aconteçam, sejam trocadas mutuamente, implementem-se e ressonem no grupo.

Em terceiro lugar, o trabalho autobiográfico é um trabalho laboratorial porque se aprende necessariamente fazendo. Não existem instruções a seguir para contar de si; o que há são estímulos, orientações, ocasiões e condições que favorecem a proliferação das narrações, mas o coração do método autobiográfico é o tornar-se constante no processo narrativo. Isso pode se dar por meio de ten-

11. Sem tradução para o português [N.T.].

tativas e erros, escolhas e repensamentos, testes e descobertas... assim como acontece em qualquer laboratório, onde a sabedoria da experiência se baseia no fazer e se ensina fazendo e observando, tentando várias e várias vezes.

1.2.1 Qual é o papel do aluno?

O papel do aluno é central. É necessário reconhecer que todos os alunos são portadores de uma própria história de vida que, como já foi mencionado, precede e segue-se ao encontro com o docente. O aluno não só não é uma página em branco em relação ao saber como também, sobretudo, tem expectativas, motivações e uma visão de mundo próprias para aprender que estão enraizadas nas suas experiências. Partir de tal conhecimento implica a construção de um percurso formativo que só pode ser pensado como individualizado porque se encontra inserido em um processo de aprendizagem, da vida e do saber que já está em curso, que não se inicia no momento do encontro com o docente. Além disso, o papel do aluno é ativo e propositivo, pois lhe é solicitado colocar-se em primeira pessoa no contar-se e no escutar aos outros. O método autobiográfico imagina um aluno que pouco a pouco vai descobrindo a própria forma, a forma da própria história, que busca e experimenta possíveis e inéditas modalidades para se dizer, que é reflexivo e duvidoso no que diz respeito às suas próprias certezas. Logo, é um aluno competente e consciente, como frequentemente acontece nas didáticas ativas de muitos outros métodos pedagógicos.

1.2.2 Qual é o papel do professor?

Na lógica de laboratório, o professor é certamente alguém que tem experiência nas práticas que propõe, não no sentido de alguém que as entende totalmente, mas sim no sentido de que as experimentou em si mesmo. O professor, mais do que um condutor, é um compositor de situações capazes de dar espaço às possibilidades do sujeito, assim como da turma, de pensar-se protagonista da história de aprendizado em curso. O professor é, assim, um *expert* não tanto nos conteúdos, mas sim na implementação dos processos capazes de dar voz ao sujeito, de abrir espaço a todos e de trabalhar no plano das memórias coletivas e individuais.

Para isso, um trabalho autobiográfico requer uma particular atenção e formação do docente, de forma a torná-lo capaz de compreender, por direta experiência, o que significa contar sobre si e pensar a própria história. Além disso, é necessário entender o que significa pensar e escrever sobre as experiências vividas para torná-las compartilháveis (Biffi, 2014; Laneve, 2009; Perla, 2011, 2012). É essencial que o professor tenha tentado narrar a própria história de vida, seja na linguagem escrita, seja na linguagem falada. Trata-se de um treinamento pessoal, narrativo, que permite verificar por si mesmo o quanto é delicado pedir a alguém, independentemente da idade, para contar sua história, sobretudo quando se encontra em um contexto em que as dimensões de poder, por mais que bem geridas, estão sempre presentes – como acontece nas relações educativas. Um aspecto que com frequência é esquecido e que obriga o docente a ter uma atenção maior em relação à sua postura é o modo através do qual veicula o pedido.

Em alguns casos, o papel do professor é permanecer um passo atrás em relação aos alunos, saber escutar para ser exemplo da importância da escuta e, por que não, da narração. A escuta e o silêncio são, assim, o modo pelo qual o professor respeita e tutela as histórias dos outros, ao mesmo tempo que ensina aos alunos o respeito pelas histórias. O método autobiográfico, de fato, é dialógico por si só, pois pede para escutar e contar mutuamente, em uma relação que é sobretudo narrativa. Não é inadequado, portanto, que o docente conte a história da própria infância aos alunos antes de pedir a eles que façam o mesmo. É, ao contrário, incoerente que o docente que queira dar espaço à narração de si e à dimensão da memória se subtraia ao pedido feito, mantendo silêncio não só sobre a própria história, mas também sobre o próprio papel dentro da história da turma. Trabalhar com a memória do grupo (como veremos nos exemplos propostos ao fim deste capítulo) significa também trabalhar com as histórias dos adultos que passaram por aquela turma.

Pedir ao outro para contar sua história significa abrir um espaço de confiança recíproca e de confidencialidade. Uma das razões que recorrentemente deixam os docentes receosos em relação ao trabalho autobiográfico é o medo de abrir uma "caixa de Pandora" que depois seja difícil de ser fechada. O que fazer com o relato dos alunos? E se surgirem temas desconfortáveis? Um professor não é um psicólogo, respondem frequentemente os professores diante do convite a deixar os alunos contarem histórias. É claro que tal objeção é compreensível e tem suas próprias razões: não pode o docente substituir outras figuras – educativas ou de cura –, que devem estar envolvidas em determinadas e/ou delicadas situações. Ao mesmo tempo, permanece o dever educativo do professor, que não pode subtrair-se da relação e que, a partir do momento em que pede ao estudante para *confiar*, não pode evitar que ele *lhe confie* as próprias preocupações ou partes da própria história. É necessário, porém, como é de se esperar, identificar a justa distância entre os dançarinos do encontro formativo (Biffi, 2010b), que deve permitir que cada um reconheça o próprio espaço de autonomia ao mesmo tempo que o outro desempenha o seu papel, limitando os mal-entendidos e as situações de ambiguidade tanto quanto possível.

1.2.3 Que forma assumem o espaço e o tempo?

Levando em conta o que foi mostrado até agora, parece evidente o quanto espaços e ritmos são importantes, o que de fato é comum na gestão de processos formativos. Tempo e espaço devem não apenas conter e incentivar a experiência autobiográfica, mas também ser memória e documento daquela mesma experiência.

O papel do contexto é também o de ser espaço de memória do trabalho elaborado, além de espaço de trabalho na memória dos outros. A documentação, parte importante da reflexão didática (Nigris,

2010), torna-se, assim, uma dimensão fundamental do método autobiográfico, que pode encontrar nos espaços e no tempo em que as atividades acontecem a própria encarnação. Do ponto de vista autobiográfico da educação, é fundamental, portanto, conservar *espaços de memória*, que podem ser tanto a documentação do trabalho em andamento quanto, por exemplo, as paredes da sala de aula (Guerra, 2008). O importante é que essas memórias conectem a escola aos aspectos da vida dos alunos que acontecem para além de seus muros. É um modo de reconhecer e sublinhar que a história não inicia quando se cruza a porta da sala de aula, mas sim que há uma continuidade entre o dentro e o fora, o antes e o depois, e isso vale não apenas para suas próprias casas, mas também para o território em que a escola está inserida.

Quando se pretende adotar uma abordagem autobiográfica na educação, merece uma nota à parte o caso em que o professor escolhe realizar, dentro da programação regular, um laboratório autobiográfico específico, inerente a um dado tema (como o próprio percurso escolar, as férias transcorridas, a família e assim por diante). Em tal caso, o espaço e o tempo do trabalho requerem uma organização específica, em que os rituais de ingresso e de saída ajudem os alunos a perceber a diferença entre eles e a viver a passagem em uma dimensão *outra*, em um espaço acolhedor e protegido onde se brinca com as próprias histórias. Devem estar presentes, então, múltiplos instrumentos de narração (canetas, tintas, materiais plásticos) e também recantos preciosos chamados a custodiar as memórias (malas, fichários, armários). Deve haver atenção ao silêncio e à escuta, mas também ao som confuso de quem está trabalhando.

Como já foi dito, é interessante considerar a alternância de linguagens diferentes para que todos possam encontrar a sua, aquela que esteja mais em sintonia com a própria pessoa e a própria história. Oferece-se a oportunidade de experimentação, talvez, entre a palavra dita e a escrita, entre a palavra e a imagem, entre a palavra e o movimento e assim por diante.

Além disso, é prevista a alternância entre trabalhos a serem feitos em plena autonomia e privacidade, sem momentos de compartilhamento, e trabalhos em dupla ou em grupo, direcionados ao compartilhar. Não se trabalhará apenas a escrita e não se trabalhará sempre junto aos outros: reconhecer a importância de "um quarto todo seu", para usar a imagem de Virginia Woolf, é, no fundo, a base do trabalho de autonarração.

Que fique claro, porém, que configurar tal laboratório não basta, se depois o retorno à classe é marcado por uma grande incoerência em relação aos pressupostos de escuta e de acolhimento que foram descritos anteriormente. Melhor seria, então, escolher outras estratégias e outros percursos, em vez de fazer da autobiografia algo jogado dentro de um outro modo de pensar e entender o fazer escola.

1.2.4 Que forma assumem os materiais didáticos?

Relembram Orbetti et al. (2005, p. 34):

> Podemos utilizar material pessoal (documentos, fotos, objetos evocativos), materiais naturais (conchas, pedras, folhas), materiais reutilizados (cordas, botões, fitas coloridas, fios, ráfia, novelos de lã ou de algodão, pedaços de estofa e de couro), papéis (cartões, folhas brancas ou coloridas, papel de presente) e diversas ferramentas de escrita (canetas com tinta colorida, pincéis com ponta fina ou grossa).

Os materiais didáticos, dentro do método autobiográfico, são construídos com objetos de uso comum e materiais multiformes. Temos os materiais que servem à escrita e os objetos escolares, mas também as escritas virtuais, as imagens, as fotografias, as obras de arte e assim por diante. O ensino autobiográfico é, portanto, material vivo que pode servir para recordar e contar histórias. Fazem parte, também, as histórias autobiográficas dos outros, assim como os romances e as histórias que pertencem ao campo das fábulas: cada história precisa de outras histórias para serem criadas.

Em linhas gerais, qualquer coisa pode ser o ponto de partida para um trabalho autobiográfico. Aqui vão apenas alguns exemplos (Demetrio, 1999b):

- os odores: herança das memórias mais antigas, os odores frequentemente ativam sensações fugazes. A partir do odor do alecrim, do café ou da lavanda, é possível dar início a um jogo de referências sensoriais e de investigações da própria memória;
- as sensações táteis: como os odores, podem ser estímulos à memória pedaços de tecido, fitas ou botões, mas também conchas, pedras ou outros objetos naturais;
- as fotografias: válido instrumento para ativar a memória, elas testemunham e contam o passar do tempo e o fluir das experiências e ajudam a pessoa a rever-se para descobrir-se crescida, mudada, mas também sempre a mesma;
- os lugares da própria história: a cozinha, o quarto de dormir, o jardim, o canto preferido para se esconder e assim por diante.

1.3 O planejamento no método autobiográfico

Pela sua natureza, pode parecer forçado falar de *planejamento* no contexto do método autobiográfico. É possível, porém, pensar de uma perspectiva autobiográfica a inteira programação, adotando um ponto de vista que permita investir na atenção às histórias dos alunos e à história do percurso de aprendizagem em curso, assim como à história da turma. Uma didática autobiográfica é, então, uma didática que visa fazer aprender com base na experiência e a desenvolver o pensamento reflexivo e crítico sobre si mesmo e, a partir de si, sobre o mundo do qual se reconhece parte integrante. Nesse sentido, a postura do método autobiográfico permite repensar a inteira programação regular, como se fosse uma lente através da qual pensar a didática.

Dito isso, é também possível inserir, dentro da programação regular, alguns percursos especificamente autobiográficos, como nos exemplos que serão apresentados a seguir. Em tais casos, a fase de planejamento se dedica a preparar um percurso para a vida escolar cotidiana que sirva como um *laboratório autobiográfico.* A referência ao laboratório, já feita antes, faz-se necessária visto que o trabalho autobiográfico, entendido nesses termos específicos, pede um espaço a si mesmo, um clima adequado e a possibilidade para quem o adota de pensar-se artesão da memória. Isso fica evidente quando pensamos no trabalho da escrita, que, como mencionado anteriormente, corre o risco de ser visto pela escola como uma *obrigação.* Por outro lado, um laboratório é um lugar onde se pode também errar e onde a experimentação de combinações ousadas entre as palavras e as sintaxes é algo positivo; onde o objetivo não é aderir às regras linguísticas, mas usar a regra linguística para responder a exigências internas.

Com tudo isso em mente, há alguns pontos que caracterizam o planejamento de um trabalho autobiográfico em termos laboratoriais, que podemos resumir da seguinte forma:

- pluralidade das linguagens, para que qualquer um possa identificar a sua;
- processualidade nas instruções, que podem ir na direção de um aprofundamento adicional ou não, e que permita sempre aos alunos a possibilidade de não compartilhar e de não fazer. A autobiografia, de fato, é um trabalho que pode ser enfrentado apenas se se escolhe fazê-lo. Não é coerente nem correto, de acordo com a abordagem, impor a qualquer um contar a sua história, muito menos compartilhar o que foi produzido com os outros. A construção de regras que permitam aos indivíduos não aderir à solicitação, ou mesmo transgredi-las, é paradoxalmente um aspecto fundamental do trabalho autobiográfico, sem o qual se corre o risco de desnaturar a própria proposta;
- recursividade dos processos, para que o trabalho com a memória possa ser aplicado no próprio processo de aprendizagem;
- clima de escuta e atenção recíproca, pois é necessário que exista um contexto adequado para fazer germinar as histórias, sobretu-

do quando estas são pessoais e vividas. É preciso um clima de confidencialidade que ensine a proteger as histórias compartilhadas, e não fazê-las objeto de zombaria ou de fofoca, mas sim a reconhecê-las como um "presente";

- ritualidade na abertura e no fechamento dos encontros, para que seja possível para os alunos atravessar o limiar da memória, reconhecer a natureza específica daquele contexto de trabalho e, depois, reemergir para retornar às situações do cotidiano.

1.4 A avaliação no método autobiográfico

O tema "avaliação", dentro da abordagem autobiográfica, é bastante controverso. Embora seja prática comum nas escolas atribuir aos alunos trabalhos – frequentemente de escrita – de recorte autobiográfico para fazê-los objetos de avaliação, por exemplo, da forma linguística, a avaliação dos trabalhos autobiográficos com base em critérios estritamente linguísticos é algo que contém certa ambiguidade. Por mais que o professor tenha o cuidado de indicar os critérios de avaliação, enfatizando a intenção de concentrar-se na forma e não no conteúdo, é difícil que o estudante não nutra a sensação, ainda que controlada, de que o verdadeiro objeto de avaliação seja a própria história ou as próprias ideias. Ajuda a compreender tal impasse a seguinte reflexão sobre as premissas para a construção de um percurso autobiográfico na escola:

> Nenhum pensamento explicitado pelos participantes, nenhuma história escrita e nenhuma constatação feita serão jamais julgados melhor do que outras ou comparados a outras. Dessa forma, o condutor da atividade não poderá em nenhum momento afirmar que aquilo que foi dito ou escrito signifique qualquer outra coisa. Não submetendo as produções dos alunos a interpretações substitutivas, que tendem a anular o pensamento de quem se expressou, a escuta do outro se torna aberta a numerosas possibilidades de crescimento (Orbetti et al., 2005, p. 23).

É claro que o que propõem os autores vai em direção contrária a certa visão de avaliação como individualização daquilo que é certo e daquilo que é errado. Diferentemente disso, o intuito é avaliar no sentido de *atribuir valor* àquilo que é produzido apenas pelo fato de ter sido narrado, escrito, compartilhado. Cabe lembrar que a definição aqui feita é válida apenas no estrito contexto do laboratório autobiográfico, que demanda uma atenção especial, por parte do docente, sempre que for pedido ao outro que conte a sua história.

Nesse contexto, a avaliação no método autobiográfico assume um recorte bastante diferente, passando a ser, na verdade, autoavaliação: releitura do próprio pensar e do próprio saber e do processo pelo qual foi construído o próprio conhecimento. O método autobiográfico, portanto, convida o docente a construir espaços de reflexão e de autoavaliação para os alunos no que diz respeito às próprias ações, ao próprio estar no mundo. E mais: o trabalho autobiográfico pode se transformar em uma preciosa oportunidade para monitorar e repensar o processo de aprendizagem. Enquadram-se na abordagem autobiográfica as modalidades de narração do aprendizado em curso que podem ser expressos em textos ou diários (Antonietti & Rota, 2004), que convidam e acostumam o estudante a uma reflexão metacognitiva em relação à natureza conforme seu estudo avança.

1.5 Como começar

Como já dito anteriormente, o método autobiográfico tem a ver principalmente com uma postura de escuta e de acolhimento, de reconhecimento da singularidade tanto dos sujeitos que estão diante de si quanto da turma que está narrando e construindo a própria história. O início, portanto, depende da capacidade do docente de pensar através de histórias. A educação, entendida em termos narrativos e autobiográficos, é cheia de histórias que, juntas, formam a história coletiva. A linha de largada do método autobiográfico é a própria capacidade de acolher, reconhecer e investir nas micro-

-histórias que vão tecendo o cotidiano. É necessário ter a coragem de dar espaço a essas histórias.

"Sabe, professora, ontem eu toquei o mar", disse uma menina do segundo ano do ensino fundamental à sua professora, em um dia qualquer, na escola que ficava no interior, a quilômetros do mar. Se os dados da realidade convidam o professor a compreender que não é materialmente possível que a criança, saída da turma às 16h, tenha ido até uma localidade balneária para depois estar de novo presente no dia seguinte pela manhã, aquele início pode levar a desenvolvimentos inéditos. Está nas mãos do professor a capacidade de seguir a história, de não parar no evidente, de ter a paciência de ver qual história nascerá daquele início e de acreditar naquelas que parecem fantasias infantis, sabendo seguir o caminho traçado pela menina.

Em termos operacionais, porém, o ponto de partida de cada trabalho autobiográfico é o compartilhamento do sentido e do método, a construção, por assim dizer, de um *pacto formativo* que esclareça o que e como será trabalhado, ou seja, que especifique as "regras do jogo" (Biffi, 2010a) que será construído em conjunto entre estudantes e professores. No trabalho de definição das regras do jogo autobiográfico, é possível compartilhar e coconstruir o sentido daquilo que se pede aos estudantes e aos professores: o sentido da escuta, do respeito e da história, sem que tudo isso seja uma obrigação imposta pelo outro. A construção desse *setting* faz parte da construção do próprio acordo formativo; é o momento que funda certo estilo de trabalho que se pretende realizar em grupo, com crianças e adultos.

1.6 Exemplos

Até este momento, foram traçadas o que podemos pensar como coordenadas de sentido do método autobiográfico e as suas aplicações concretas. Agora, mostraremos alguns planos de trabalho. O método autobiográfico se configura em três macroáreas, cada uma das quais dedicadas a um trabalho integrado ou à programação regular ou a um aprofundamento pontual e específico de tom laboratorial, como descrito antes. Essas áreas são as da contação de histórias, do testemunho e da documentação. Para cada uma delas, daremos alguns exemplos que poderão ser adotados dentro das próprias estratégias didáticas.

1.6.1 *A contação de histórias*

A narração, nas suas diferentes linguagens, é instrumento e veículo do trabalho autobiográfico. O que garante o florescimento das narrações é um contexto em que as histórias circulem livremente, em que seja comum ouvi-las e contá-las. Nesse contexto, a existência de momentos dedicados à narração durante o andamento regular das aulas pode tornar-se uma preciosa oportunidade para mostrar aos alunos que naquela turma as histórias são bem-vindas e apreciadas.

1.6.1.1 Experimentação

No primeiro ano, o momento de acolhimento é dedicado à contação de histórias livre e não estruturada. O início é sempre o mesmo: "Esta manhã quero contar a vocês que..." Para essa parte são dedicados os primeiros dez minutos da rotina, guiados por duas simples regras que foram compartilhadas com o grupo no início do ano:

1. *O grupo deve escolher o próprio ritmo.* Livremente, os alunos que sentem ter alguma coisa para compartilhar o fazem, sem que seja necessária qualquer particular mediação por parte do professor, que, aliás, é parte do grupo e deve participar segundo as mesmas regras. O professor não tem o papel de mediar ou moderar – é possível, inclusive, que nas primeiras vezes nem todos consigam falar e que isso gere uma frustação na turma. O objetivo, porém, é que o próprio grupo encontre, ao longo do ano, as suas modalidades de gestão e de organização do espaço, com suporte do professor quando necessário. Descobrir como regular a sucessão de turnos para falar faz parte do processo de aprendizagem.

2. *Compartilhar não é obrigatório e comentar não é necessário.* A regra do jogo diz que não é sempre útil comentar ou fazer perguntas; a contação pode também terminar ali. Além do mais, o narrador pode sempre escolher não responder as perguntas direcionadas a ele. Os limites são dados de acordo com o tempo disponível, estabelecido *a priori*. A voluntariedade faz do exercício não um dever, mas um prazer, estimulando a ideia que não se deva contar uma história à força, mas que possa ser agradável compartilhar pensamentos com os outros. Isso permite abrir espaço também para o respeito ao silêncio daqueles que nunca contam uma história.

1.6.2 O testemunho

É comum que as escolas abram suas portas aos familiares, a fim de levar para a sala de aula a experiência viva, encarnada, de um tema que se está indagando. Exemplo típico são os avós, chamados para contar sobre a própria infância, ou os pais, chamados para falar sobre as próprias profissões. Um trabalho autobiográfico propõe ser não apenas aquele que convida o testemunho como voz externa, mas também aquele que ajuda os alunos a pensar em possíveis intervenções: o que significa "testemunho"? De que modo é possível trazer uma voz do passado à reflexão sobre o presente? A partir daí, é possível trabalhar com os alunos não apenas o conteúdo, mas também a forma, convidando-os a registrar as memórias e resgatar outras lembranças necessárias.

1.6.2.1 Experimentação

Uma turma do terceiro ano está estudando história, a Teoria do Reconhecimento e o significado das fontes. Para tal aprofundamento, parte-se da própria história pessoal: o que é necessário para reconstruí-la? A quem podemos nos dirigir? Quais materiais podemos usar?

A partir de um trabalho de *brainstorming*[12] inicial, os alunos são convidados a levar para a sala de aula aquilo que acreditam ser útil para reconstruir a história deles, sem muitas indicações específicas: trabalhar com os materiais trazidos em sala de aula será o primeiro passo para a construção de uma consciência em relação ao próprio significado de "fonte".

Sucessivamente o trabalho de pesquisa será refinado, subdividindo os materiais e construindo critérios de catalogação. Para tal objetivo, fazer registros do processo será parte essencial da atividade; cada aluno se equipará de um diário e de uma pasta onde irá catalogar as informações e acompanhar as descobertas.

Apenas nesse ponto será introduzida a necessidade de ouvir as "testemunhas" (pais, avós, amigos) que ajudarão a reconstruir a história. Será a chance de experimentar-se no papel de entrevistador, compreender como se usam os testemunhos na reconstrução histórica e o que isso implica.

O produto final do trabalho poderia ser a escrita da própria história, pessoal, autobiográfica e com a forma que cada um escolher, de modo a também investigar as fases finais do processo histórico de reconstrução biográfica.

1.6.3 A documentação

O trabalho autobiográfico sempre convida a manter registros do processo. É um trabalho disciplinado de coleta e documentação, de reflexão e de pesquisa. Com isso, qualquer compartilhamento com os alunos das estratégias de documentação do aprendizado passa a ser uma oportunidade de trabalho interessante e precioso para pensar sobre o sentido da memória, do significado

12. "Tempestade de ideias", técnica em que, partindo de um tema específico, os participantes de uma dada atividade fazem contribuições espontâneas baseadas no que o tema desperta em cada um. Costuma ser usada em estágios iniciais de uma discussão ou trabalho, com posterior organização ou elaboração mais detalhada [N.T.].

de "acompanhar". Exemplo interessante é o diário (pessoal ou da turma), que torna a documentação um processo de pesquisa que necessariamente passa pela coleta, pela seleção e pela narração do caminho percorrido.

1.6.3.1 Experimentação

No quinto ano, pede-se para que alguns alunos reconstruam a história da própria turma. Para tal, devem coletar memórias acumuladas e selecioná-las, com o intuito de documentar a história da turma ao longo do seu percurso. Há as fotos e os objetos produzidos; existem as lembranças dos membros da turma; e há também os registros de quem não está mais no grupo – como o colega que se transferiu para outra escola ou o professor substituto.

Para esse trabalho, é instituída a "hora do diário": um momento para que todos anotem no próprio diário aquilo que aconteceu de relevante durante a semana. Sucessivamente, o grupo debate para escolher o que manter, entre os escritos individuais, no diário da turma. No fim do ano, faz-se um outro trabalho de seleção para escolher o que contará a história do ano percorrido.

Nesse contexto, o trabalho de reconstrução do percurso atravessado pela turma é uma oportunidade para refletir sobre a própria vivência, para confrontar-se dentro do grupo e, também, para reelaborar as experiências – prazerosas ou difíceis – que a turma está vivendo. Ainda mais em uma turma de quinto ano, tal experiência permite trabalhar a separação e a mudança que se está para enfrentar, investindo ao mesmo tempo na consolidação dos aprendizados adquiridos no plano do saber, mas também – e sobretudo – naquele existencial.

O resultado final é fruto da memória coletiva, que pode ser tanto uma recordação pessoal para os membros da turma quanto um traço da instituição, uma lembrança para aqueles que se somarão à escola no ano seguinte.

Qual é o aprendizado de um trabalho como esse? Em primeiro lugar, a consciência de que lembrar é parte fundamental da história de uma comunidade. Mas há também a reflexão sobre o próprio papel dentro do grupo, a turma e o seu progresso, o seu caráter e a sua história. Além disso, o trabalho de seleção convida a um processo cognitivo refinado: escolher o que não pode ser retirado da história, qual parte é fundamental e qual é acessória. Por fim, é um trabalho compositivo que convida também a pensar a forma que se dá à própria história, como se dissesse que é importante pensar no "como" e não só no "quê".

1.7 Conclusões

Terminar uma história autobiográfica significa abrir-se ao futuro. Não há fim enquanto a história está sendo escrita. Estas últimas linhas do percurso traçado até agora desejam, porém, convidar a uma reflexão crítica: não basta dar como entregue um trabalho escrito "Vou contar a minha história" para me situar dentro de um método autobiográfico. Pelo contrário, talvez esse seja exatamente o melhor modo de não fazê-lo, por mistificar o trabalho de sentido que sustenta a prática autobiográfica. O método autobiográfico convida ao respeito, ao cuidado e a uma postura de humildade e de escuta por parte do docente – o que deveria, aliás, ser o precedente de qualquer trabalho, em qualquer prática.

Antes de fazer qualquer proposta aos alunos, o docente deveria perguntar-se: como eu responderia e como eu reagiria se isso fosse proposto a mim? Apenas depois de ter avaliado e refletido sobre a própria resposta faz sentido prosseguir no trabalho com a turma, pois histórias fazem referência a outras histórias, relatos geram outros relatos, e as memórias produzem memória, em um processo recursivo hipoteticamente infinito no qual o professor deve ser o primeiro interessado. "Apenas um adulto educador que tenha já experimentado em si mesmo [...] todo o fascínio da viagem autobiográfica – sozinho ou com outros, melhor ainda se colegas – tem passe livre para ensinar a memória do presente e imaginária" (Demetrio, 1998, p. 19).

A vontade de escutar e contar histórias, a capacidade de vê-las se desenvolvendo ali, onde se sentam os alunos, e a disponibilidade e a responsabilidade de reconhecer-se parte, inevitavelmente, daquelas histórias são, por fim, as verdadeiras premissas para uma abordagem autobiográfica na escola.

Referências

Antonietti, A., & Rota, S. (2004). *Raccontare l'apprendimento – il diario narrativo: come ricostruire e monitorare percorsi formativi.* Raffaello Cortina.

Biffi, E. (2010a). *Scritture adolescenti: esperienze di scrittura nella scuola secondaria.* Erickson.

Biffi, E. (2010b). *Educatori di storie: l'intervento educativo fra narrazione, storia di vita e autobiogradia.* FrancoAngeli.

Biffi, E. (2012). Narrazione e pratiche educative: fra infanzia e adolescenza. In D. Demetrio, *Educare è narrare: le teorie, le pratiche, la cura* (pp. 73-118). Mimesis.

Biffi, E. (2014). *Le scritture professionali del lavoro educativo.* FrancoAngeli.

Bing, E. (1977). *Ho nuotato fino alla riga.* Feltrinelli.

Bruner, J. (1992). *La ricerca del significato: per una psicologia culturale.* Bollati Boringhieti.

Canevaro, A., Chiantera, A., Cocever, E., & Perticari, P. (2000). *Scrivere di educazione.* Carocci.

Clandinin, D., & Connelly, F. (2000). *Narrative inquiry: experience and story in qualitative research.* Jossey-Bass.

Cocever, E. (2010). *Scrittura e formazione: le parole come mediatori efficaci nelle professioni educative.* Erickson.

Cocever, E., & Chiantera, A. (1996). *Scrivere l'esperienza in educazione.* Carocci.

Demetrio, D. (1995). *Raccontarsi: l'autobiografia come cura di sè.* Raffaello Cortina.

Demetrio, D. (1998). *Pedagogia della memoria, per se stessi con gli altri.* Meltemi.

Demetrio, D. (1999a). *Micropedagogia: la ricerca qualitativa in educazione.* La Nuova Italia.

Demetrio, D. (1999b). *Il gioco della vita – kit autobiografico: trenta proposte per il piacere di raccontarsi.* Guerini.

Demetrio, D. (2002). Lo sguardo etnopedagogico. In D. Demetrio & G. Favaro, *Didattica interculturale: nuovi sguardi, competenze, percorsi.* FrancoAngeli.

Demetrio, D. (2007). *Per una pedagogia e una didattica della scrittura.* Unicopli.

Demetrio, D. (2008). *La scrittura clinica: consulenza autobiografica e fragilità esistenziali.* Raffaello Cortina.

Demetrio, D. (2012). *Educare è narrare: le teorie, le pratiche, la cura.* Mimesis.

Demetrio, D., & Favaro, G. (2002). *Didattica interculturale: nuovi sguardi, competenze, percorsi.* FrancoAngeli.

Formenti, L. (2000). *La formazione autobiografica: confronto fra modelli e riflessioni tra teoria e prassi.* Guerini.

Formenti, L., & Gamelli, L. (1998). *Quella volta che o imparato: la conoscenza di sè nei luoghi dell'educazione.* Raffaello Cortina.

Gadamer, H.-G. (1986). *Verità e metodo.* Bompiani.

Genette, G. (1976). *Figure II. Discorso del racconto.* Eunadi.

Guerra, M. (2008). Muri che parlano: significati ed attenzioni nel predisporre la documentazione a parete. In M. Guerra, *Progettare esperienze e relazioni: azioni, contesti, sperimentazioni e formazione nei servizi educativi per l'infanzia e le famiglie* (pp. 33-88). Edizioni Junior.

Jedlowski, P. (2000). *Storie comuni: la narrazione nella vita quotidiana.* Mondadori.

Laneve, C. (2009). *Scrittura e pratica educativa: un contributo al sapere dell'insegnamento.* Erickson.

Mancino, E. (2010). *Il futuro della scrittura: dialoghi, visioni, contesti.* Unicopli.

Mattia, L. (2009). *Sono contento che sono un bambino: pensieri di bambini veri su se stessi, gli altri, il mondo, le cose, raccolti da Luisa Mattia.* RCS.

Mattia, L. (2011). *A scuola di narrazione: come e perché scrivere con i bambini.* Sonda.

Merrill B., & West L. (2012). *Metodi biografici per la ricerca sociale.* Apogeo.

Moroni, I. (2006). *Bambini e adulti si raccontano. Formazione e ricerca autobiografica a scuola.* FrancoAngeli.

Nigris, E. (2010). *Documentazione e didattica: un binomio per la formazione degli insegnanti e l'innovazione scolastica. 10 anni dell'Università dei maestri.* Edizioni Junior.

Orbetti D., Safina R., & Staccioli G. (2005). *Raccontarsi a scuola: tecniche di narrazione autobiografica.* Carocci.

Perla, L. (2011). *L'eccellenza in cattedra: dal saper insegnare alla conoscenza dell'insegnamento.* FrancoAngeli.

Perla, L. (2012). *Scritture professionali: metodi per la formazione.* Progedit.

Pineau, G. (1993). *Les histoires de vie.* Puf.

Pulcini, E. (2009). *La cura del mondo: paura e responsabilità nell'età globale.* Bollati Boringhieri.

Ricœur, P. (1989). *Dal testo all'azione: saggi di ermeneutica.* Jaca Book.

Rodari, G. (1997). *Grammatica della fantasia. Introduzione all'arte di inventare storie.* Einaudi Ragazzi.

Smorti, A. (1994). *Il pensiero narrativo: costruzione di storie e sviluppo della conoscenza sociale.* Giunti.

Uso da tecnologia na gestão da heterogeneidade nas salas de aula

Escrita de um diário multimídia: DiaryOne e Penzu
http://diaryone.softonic.it – https://penzu.com
É possível escrever um diário pessoal, registrar a própria rotina, manter privada uma parte dela ou compartilhar com os outros alguns trechos também digitalmente. Existem muitos instrumentos disponíveis, mas proponho aqui dois exemplos. DiaryOne é um *software* que pode ser baixado e instalado em qualquer computador. Tem a vantagem de não requerer uma conexão constante à internet e ter uma interface direcionada à faixa da pré-adolescência, sendo também personalizável para crianças menores. Essa ferramenta permite de maneira muito fácil a escrita de textos sem qualquer limitação de espaço e com amplas funções de edição. É possível inserir imagens, símbolos e ícones para tornar mais pessoal o próprio diário, além de arquivos de áudio e vídeo. Todas as produções são protegidas por *login* e senha. Há ainda outras funções avançadas de compartilhamento e sincronização dos textos nas principais plataformas para *blogs*. Penzu, ao contrário, é um serviço *online* (que, portanto, requer conexão constante à internet) e tem uma interface voltada principalmente para adolescentes e adultos. O *site* permite a máxima multimidialidade dos conteúdos (ainda que algumas funções de personalização sejam reservadas à versão Pro, que é paga) e é ligado ao Flickr (o maior *site* de compartilhamento de fotografias do mundo), o que permite inserir facilmente imagens nos textos do diário. Funciona em qualquer aparelho, inclusive os móveis (*tablet*, *smartphone*). Penzu tem também uma versão específica para o uso escolar que pode ser assinada anualmente e que conta com diversas funcionalidades adicionais, como gerenciamento de comentários e avaliações (o que porém contrasta com a abordagem autobiográfica proposta neste capítulo).

Árvores genealógicas multimídias – My Family Tree
http://chronoplexsoftware.com/myfamilytree
Existem muitos serviços *online* que permitem, de forma gratuita, criar árvores genealógicas, com a possibilidade de inserir fotografias ou arquivos de áudio (entre estes, uma opção bacana é o Geni – http://www.geni.com). Vale notar que esses serviços *online* funcionam geralmente a partir de um endereço de *e-mail* e requerem uma constante conexão à internet, e sabemos que esses dois aspectos frequentemente criam obstáculos ou desmotivam o uso das tecnologias em sala de aula. My Family Tree é, ao contrário, um facílissimo e potentíssimo *software*, que pode ser baixado e instalado no computador e que permite não apenas criar árvores genealógicas ilimitadas, de aspecto agradável e com possibilidade de modificação e expansão, mas também inserir arquivos de todos os tipos (imagens, áudios, textos, mapas digitais) para fazer com que a árvore seja não apenas uma fotografia estática, mas um relato da história de uma família. Cada árvore genealógica pode ser exportada no formato internacional de árvores genealógicas (.gedcom), e, então, elas podem ser compartilhadas nos maiores arquivos internacionais de árvores genealógicas do mundo, contribuindo para a busca de antepassados e descendentes. Em uma ótica inclusiva, ademais, o *software* utiliza a fonte OpenDyslexic, de alta legibilidade. É um instrumento perfeitamente alinhado com os princípios didáticos da abordagem autobiográfica, além de ser facilmente utilizável pelos alunos. É também usada frequentemente, para além de objetivos autobiográficos, com escopos didáticos dentro das disciplinas, reconstruindo as árvores genealógicas das famílias reais e das dinastias da história, sempre com uma abordagem hipermídia.

Narração da própria autobiografia com mapas digitais: Tour Builder
https://tourbuilder.withgoogle.com/
Tour Builder é um serviço *online* gratuito à disposição de todos aqueles que têm uma conta Google – é, de fato, uma extensão do Google Earth. A ideia de base, como o nome sugere, é criar passeios virtuais utilizando os mapas digitais do Google. O uso do serviço é muito simples. Em uma ótica autobiográfica, poderíamos escolher contar e reviver a história da nossa vida ou da nossa família partindo dos lugares em que os eventos se desdobraram. Com o Tour Builder, é possível associar cada lugar a uma data de início e de fim, uma descrição narrativa, fotografias, imagens, vídeos ou até registros históricos. Todos os lugares que inserimos no nosso passeio se tornam automaticamente um percurso interativo que pode ser visualizado nos mapas do Google diretamente pelo Tour Builder ou pode ser exportado e visualizado no Google Earth. Também é possível criar percursos individuais de forma colaborativa usando as ferramentas de compartilhamento do Google Apps for Education ou do Google Drive. Essa é a vantagem de uma didática cooperativa, perfeita para turmas em que os alunos são chamados a desenvolver um papel ativo e participativo em todas as fases do processo de aprendizagem. Essa ferramenta é uma válida alternativa, muito motivadora e agradável, para narrar a própria história, utilizando códigos comunicativos e somando-os à precisão dos mapas geolocalizados. Tour Builder, além do uso com escopo autobiográfico, é muito usado como diário de viagem, para o ensino da reconstrução de eventos históricos ou antropológicos e no estudo da geografia humana.

2

A abordagem montessoriana

Barbara Caprara

2.1 Premissa

Este capítulo tem como objetivo colocar em evidência os aspectos do Método Montessori que são particularmente funcionais à gestão de uma turma inclusiva e, em um contexto escolar necessariamente heterogêneo pois composto por crianças diferentes umas das outras, podem favorecer o bem-estar e inspirar o interesse por aprender em todos.

Ainda que os primeiros anos da pesquisa de Maria Montessori tenham sido endereçados à educação especial, os resultados obtidos logo a persuadiram a estender seus estudos e experimentações para a escola como um todo. Suas palavras nos contam:

> Enquanto todos admiravam os progressos dos meus alunos com deficiência[13], eu meditava sobre as formas que poderiam manter os alunos felizes e sadios das escolas comuns a um nível tão baixo que os permitisse ser alcançado, nas provas de inteligência, pelos meus infelizes alunos (Montessori, 1999c, p. 4).

---

13. No original: *idioti*, "idiotas", termo usado, à época, para se referir a crianças com idiotia, ou seja, deficiências intelectuais profundas [N.T.].

Com efeito, nos anos seguintes as propostas didáticas voltadas para as crianças com deficiência foram estendidas, com grande sucesso, para escolas que acolhiam crianças de um bairro na periferia de Roma. De certo ponto de vista, cada criança, assim como cada pessoa, é caracterizada por necessidades educativas individuais e únicas. Essa convicção, fortemente enraizada em Montessori, permitiu-lhe transportar suas ideias de institutos de caráter "especial" a escolas definidas "normais".

As características das propostas didático-pedagógicas que tivemos a intenção de destacar neste livro, tentando não ser exaustivos ao tratar de um tema tão vasto e complexo cujo aprofundamento requer o estudo de textos específicos (alguns dos quais indicados na bibliografia), referem-se ao papel ativo da criança no seu percurso de formação e a possibilidade de orientar – de acordo com suas exigências pessoais – espaços, tempo e conteúdo de aprendizagem. Certamente favorável à gestão de contextos heterogêneos é a ausência de uma avaliação feita pelo professor e a disposição de materiais capazes de encorajar a autocorreção por parte da criança, além da constante possibilidade de aplicar um aprendizado sensorial dos fenômenos e de movimentar-se na sala de aula e entre os materiais disponíveis.

Todos são convidados a estudar o mundo enquanto cosmo, relacionando a dimensão local com a história e o desenvolvimento da humanidade inteira, encorajando uma visão global – que diz respeito a todos, independentemente da nacionalidade – de acontecimentos históricos, características geográficas e fenômenos científicos. Os percursos de pesquisa propostos permitem ao professor identificar os alunos não tanto com base em suas supostas fraquezas ou seus pontos fortes, mas sim partindo de interesses e curiosidades dos alunos. A experiência pedagógica de Maria Montessori é caracterizada por uma natural e constante atenção à gestão da heterogeneidade: voltada à interação com crianças com deficiência em um primeiro momento (quando, recém-formada na Faculdade de Medicina, escolhe trabalhar com crianças "retardadas" em uma clínica psiquiátrica em Roma) e depois na integração das diversas abordagens culturais emergentes nas estruturas educativas, com as quais teve contato durante as numerosas viagens para estudo e formação – pela Europa, pelos Estados Unidos e pela Índia – que marcaram a sua juventude.

2.2 A educação como ciência: da observação à confiança na educabilidade da criança

Sobre Maria Montessori é útil dizer que foi uma das primeiras mulheres a conseguir o título de Bacharel em Medicina na Itália e que, só depois disso, tomou o caminho da educação. As biografias sobre ela evidenciam o fato de que se dedicar ao ensino não estava entre os seus desejos da juventude e mostram como a pesquisa científica e a troca cultural com colegas médicos do outro lado do mundo a conduziram, de maneira progressiva, para dentro da realidade escolar. Seus estudos, a princípio voltados para crianças com deficiência intelectual, permitiram a Montessori desenvolver uma série de materiais sensoriais que sucessivamente foram experimentados em contextos escolares abertos a todos. Esses objetos tinham caráter intrinsicamente inclusivo, pois buscavam valorizar o percurso formativo e as competências a serem promovidas, favorecendo uma didática individualizada e respeitosa com a singularidade de cada um.

Alguns livros de educação publicados na Itália sintetizam a experiência de Montessori nas páginas dedicadas ao ativismo pedagógico, ao lado de Dewey e Freinet, destacando os aspectos não autoritários da figura do professor e a centralidade do aluno que essas abordagens têm em comum. Lendo com atenção os escritos de Montessori, percebemos que as suas referências teóricas são, ao contrário, explicitamente ligadas à pedagogia científica, caracterizada por uma abordagem médica e por um estudo estruturado dos fenômenos.

> Há muitos anos eu defendo uma ideia sobre a qual, quanto mais repenso, mais acho justa e útil para a instrução e a educação humana; ou seja, para ter métodos naturais e atingir esses fins, é necessário que nós façamos numerosas observações precisas e racionais a respeito dos homens e principalmente a respeito da infância, sobre a qual se devem colocar as bases da educação e da cultura (Montessori, 1999a, p. 2).

Em 1990, em Roma, é fundada a Escola Magistral Ortofrênica, com o intuito de formar professores nos novos métodos de educação de crianças com deficiência intelectual. Montessori participa da sua condução por alguns anos, desenvolvendo uma completa e verdadeira prática pedagógica (a primeira), graças à qual tem a oportunidade de ensinar diretamente as crianças com deficiência intelectual. Na ocasião, experimenta com rigor os novos métodos de intervenção, desenvolvendo técnicas e materiais específicos, com uma convicção firme da educabilidade dos sujeitos até mesmo quando definitivamente em desvantagem (Tornar, 2007).

As contribuições científicas mais significativas em termos de reabilitação de alunos com deficiência intelectual são certamente as do médico francês J. M. Itard e do seu aluno E. Séguin, que estabeleceram uma referência cultural de notável importância também para o processo de construção daquilo que se tornaria o Método Montessori. O caso mais importante em que trabalharam os médicos franceses foi ligado à educabilidade de um menino encontrado quando tinha cerca de 12 anos nas florestas de Aveyron, em um estado completamente selvagem e incapaz de falar ou compreender a linguagem humana. A educação sistemática dos sentidos foi, em essência, a porta de entrada para acessar o desenvolvimento de capacidades mais especificamente cognitivas, e isso ocorreu por meio de atividades sensoriais e motoras organizadas de forma progressiva, das mais simples às mais complexas. Os médicos educadores asseguraram-se primeiro de que o sujeito dominasse as habilidades mais elementares para depois trabalhar na aquisição de outras, cada vez mais complexas (Tornar, 2007).

Os resultados alcançados com Victor (o menino de Aveyron) e em outros casos de crianças confinadas em manicômios franceses testemunhavam a favor da eficácia de uma intervenção de raiz científica (isto é, baseada em uma atenta observação da relação entre estímulo educativo e resposta cognitiva), capaz de modificar alguns comportamentos. Esses resultados motivaram Montessori, que iniciou então o seu percurso de ruptura com a tradição educacional daqueles anos, convencida de que até crianças com graves déficits cognitivos poderiam se beneficiar de intervenções educativas voltadas à recuperação de habilidades específicas. O seu comprometimento profissional na Escola Magistral Ortofrênica de Roma foi de fato nessa direção, com a formação de professores em métodos especiais de educação e observação, e a crença na construção de um ambiente escolar como um verdadeiro laboratório de pesquisa científica.

2.3 O conceito de educação e de centralidade da criança

Os elementos que emergiram dos primeiros anos de trabalho científico de Montessori, somados aos estímulos recebidos dos colegas franceses, lançaram as bases para a estruturação dos aspectos que iriam constituir a sua proposta didático-pedagógica. Tal proposta, que parte da experimentação em contextos caracterizados pela presença de crianças com graves deficiências intelectuais, logo influenciaria os ambientes escolares tradicionais devido às ideias de Montessori sobre educação e sobre as características das crianças e dos seus processos de desenvolvimento. Particularmente significativos foram a difusão do pensamento de Montessori em escala mundial e o relativo confronto produzido entre suas ideias e abordagens culturais completamente diferentes das italianas, contextos nos quais se viu atuando e que sustentaram e promoveram a atitude de Montessori de individualizar as características que unem o desenvolvimento cognitivo de todas as crianças, independentemente de suas origens geográficas ou de referências culturais específicas.

As convicções de Montessori na educabilidade das crianças quando inseridas em um contexto cientificamente organizado e com estímulos adequados, em linha com o seu processo de desenvolvimento, levam-na a encarar um novo conceito de educação, compartilhado também pelos ativistas que, nos mesmos anos, estavam influenciando numerosas escolas nos Estados Unidos e que tinham como objetivo encorajar o papel ativo da criança e uma prática absolutamente antiautoritária. O processo educativo deveria fornecer *cibo per la mente*[14] [alimento para a mente], ou seja, uma série de estímulos adaptados para "falar" com a criança, incitando a sua curiosidade e promovendo competências úteis naquele momento específico do seu desenvolvimento. Montessori contou, durante uma série de conferências na Índia durante os anos da Segunda Guerra Mundial, o seguinte:

> A observação científica tem estabelecido que a verdadeira educação não é aquela transmitida pelo professor: a educação é um processo natural que se desdobra espontaneamente no indivíduo e que se adquire não escutando as palavras dos outros, mas mediante experiência direta no mundo circundante. O dever do mestre será, então, o de preparar uma série de sugestões e incentivos à atividade cultural, distribuídas em um ambiente cuidadosamente preparado, para depois se abster de qualquer intervenção invasiva ou direta demais (Montessori, 2000b, p. 13-14).

Colocar a criança no centro do processo de ensino-aprendizagem significa colocar a sua pessoa antes das nossas exigências, considerando-a uma individualidade a ser conhecida e respeitada, e não a ser moldada de acordo com os nossos desejos. A criança é vista como uma pessoa em todos os aspectos e, enquanto tal, goza do cuidado e do respeito incondicionados, além de ser acompanhada na descoberta do mundo com uma atitude educativa respeitosa com as suas necessidades e orientada ao desenvolvimento de sua individualidade e seu potencial.

---

14. Expressões importantes do pensamento de Montessori estarão em itálico.

A educação – termo derivado do latim *ex-ducere*, que significa "conduzir para fora" – deveria ser entendida como uma ação espontânea, que nasce de uma relação dialógica na qual, através da mediação e do ambiente, tem como objetivo a autonomia da criança e a valorização das suas potencialidades (Codello & Stella, 2011). Os percursos educativos devem ser entendidos no sentido maiêutico, um processo integral e holístico que leva ao desvelamento dos potenciais de cada indivíduo, permitindo à criança pesquisar e descobrir, incentivando-a a usar o cérebro e a orientar-se ativamente na direção de aprendizados duradouros, recusando a ideia de serem avaliadas através do uso de testes e baterias de perguntas.

O sistema formativo, que coloca as crianças no centro das próprias escolhas, renuncia à ideia de definir *a priori* quais seriam os assuntos a serem tratados, como e quando fazê-los, deixando espaço para a relação e para as ideias das próprias crianças. O respeito profundo, a tolerância aos sentimentos e pontos de vista, a sensibilidade na compreensão das necessidades do grupo e a sincera disponibilidade para aprender com os mais jovens implica, de fato, uma atitude honesta e transparente por parte dos educadores e responsáveis.

> Para condicionar uma criança, basta projetar nela a sua própria personalidade. Mas isso não é interessante para a criança. É apenas a ideia dos pais daquilo que a criança deveria ser, assim como os educadores [...] creem saber como deva ser uma criança. É o conceito de modelar uma pessoa a nossa imagem e semelhança, por assim dizer (Neill, 2013, p. 35).

A tal propósito, Montessori também relembra como foram as crianças a direcionar o seu percurso, transformando-se nos mestres que a ensinaram sobre o desenvolvimento humano e que a indicaram os recursos necessários para facilitá-lo. O conceito, tão caro a ela, do *bambino come padre dell'uomo* [criança como pai do homem] inclui de um jeito simples e incisivo (que é característico da sua escrita) algumas reflexões que, nestas páginas, procuramos trazer à tona e contextualizar. Refletindo sobre suas primeiras experiências educativas muitos anos depois de tê-las vivido, Montessori relata uma descoberta que tem o sabor de uma revelação mágica:

> Eu começara o meu trabalho como uma agricultora que tivesse guardado uma boa semente de trigo e para quem tivesse sido oferecido um campo de terra fértil, para que semeasse livremente. Mas não foi isso que aconteceu. Assim que comecei a mover os primeiros torrões daquela terra, eu vi ouro em vez de trigo. O solo escondia um tesouro precioso. Eu não era a agricultora que acreditava ser; eu parecia mais como o tolo Aladdin, que tinha entre as mãos, sem saber, uma chave capaz de abrir tesouros escondidos (Montessori apud Pignatari, 1967, p. 167).

Montessori deixa claro o quanto jamais se sentiu criadora ou formadora da criança e que, ao contrário, via-se como alguém que recebeu o dom de descobrir a infância, tanto que decide dedicar a própria vida a interpretá-la, a liberá-la e a colocá-la em comunicação com o mundo, com a esperança de uma total renovação da sociedade inteira. Para atuar no processo de liberação da criança, é fundamental o ato de arrancar o véu que impede o adulto de compreender a verdadeira natureza da criança e, portanto, ser capaz de interpretá-la:

> Eu mesma, de resto, não quero ser saudada como uma grande educadora deste século. Eu não fiz nada além de estudar as crianças e receber e expressar aquilo que elas me deram, o que é chamado de Método Montessori. Eu sou, no máximo, uma intérprete das crianças (Montessori, 2000c, p. 17).

Para levar adiante o papel de intérprete da infância, Montessori assume uma atitude muito rigorosa. Ela passa a organizar suas instituições em torno de um sistema coerente de técnicas, procedimentos e materiais separados por objetivos e metas específicas em que os elementos unitários são estreitamente ligados entre si e não interpretáveis em separado, evitando uma alteração dos princípios que poderia anular o trabalho educativo. Montessori não amava definir como "método" a sua proposta educativa, preferindo, no lugar disso, utilizar expressões que colocassem em evidência as dinâmicas de ensino numa perspectiva de fortalecimento e valorização dos recursos individuais (Tornar, 2007). Quando, porém, por volta da década de 1950, seus livros começaram a ser publicados nos Estados Unidos, o seu tratado *Il metodo della pedagogia scientifica applicato all'educazione infantile nelle case dei bambini*, de 1909, teve o título resumido e posteriormente foi conhecido no mundo todo como *O Método Montessori* (Schwegman, 1999).

2.4 Ambiente, materiais e o papel do professor

Para compreender a organização proposta dentro das escolas Montessori, é necessário partir do princípio de que há uma fundamental diferença entre crianças e adultos no que diz respeito aos ritmos e modalidades de aprendizagem. O sujeito que está aprendendo deve ser colocado na condição de poder *construir*, seguindo seus próprios conhecimentos, necessidades e habilidades. A escola deveria, então, conseguir corresponder às necessidades psicológicas das crianças, privilegiando materiais que permitam experiências ativas de manipulação e permitindo que o *tato* (sentido insubstituível na busca pelo conhecimento) aproxime a criança da especulação abstrata através de um percurso motor. Para que a liberdade de escolha e de expressão seja garantida, é necessário recorrer a um ensino indireto, em que o ambiente cuidadosamente organizado com materiais específicos (sensoriais ou não) possa facilitar a compreensão dos conceitos, através de uma metodologia orientada para a motricidade e que respeite a liberdade da criança na escolha do "quê", do "onde" e do "por quanto tempo" estudar. O adulto deve ter confiança no interesse espontâneo da criança, que, se colocada em um ambiente adequado, pode seguir um plano interno de desenvolvimento, alimentando o próprio interesse em aprender através do trabalho, da construção e da conclusão de atividades que tenha iniciado.

O ambiente deve ser estruturado de modo a permitir a aquisição de conhecimento por parte da criança que o explora e encorajar o confronto com situações e problemas, desafios que, por sua vez, levam a um contínuo desenvolvimento de habilidades. A criança se move livremente, sem encontrar obstáculos para desempenhar suas próprias necessidades e desenvolver suas próprias maneiras de agir. O ambiente deveria funcionar como uma fagulha que acende a instituição, revelando aquilo que é novo e suscitando o interesse nos alunos (Montessori, 1999a).

O ambiente escolar montessoriano é caracterizado por espaços muito amplos, com móveis espaçados, leves, simples e bonitos. É importante especificar que o conceito de beleza não está ligado ao supérfluo ou ao luxo, mas à harmonia entre linhas e cores, à graça e à simplicidade, fundamentais para que o ambiente, em vez de confundir, facilite o processo de aprendizagem. A sensação que emerge, então, é de calorosa familiaridade, e não da rigidez comumente ligada às instituições escolares; não por acaso, Montessori chamou de *Casa dei Bambini* [Casa das Crianças] a primeira escola em que experimentou a sua abordagem, e não de escola infantil ou maternal, como tradicionalmente são conhecidas as estruturas que acolhem crianças com idade entre três e seis anos; as dimensões do mobiliário devem ser adequadas para as crianças, permitindo a movimentação no espaço com facilidade e tornando-o flexível e prático às necessidades que os alunos manifestam de modo gradual. Além disso, materiais como louças e vasos devem ser frágeis, de forma a educar indiretamente a criança: o modo como eles movimentarem-se e comportarem-se por si só dará um *feedback*, anunciando movimentos incorretos, rudes ou não educados. A organização do ambiente deve ser calibrada de acordo com o que desperta o interesse nas crianças: a disposição dos objetos no interior dos móveis, por exemplo, deve levar em conta as forças físicas e psíquicas da criança, sempre convidando à manipulação; o espaço é ordenado, todos os objetos presentes estão ao alcance da criança e se encontram em um local específico; por fim, é atraente e bem cuidado, permite exercitar o controle do erro e favorece o senso de responsabilidade para com as coisas (Pesci, 2010).

Um ambiente assim preparado, organizado e estruturado desenvolve grande parte do trabalho educativo, que anteriormente era realizado apenas pelo professor. Quanto mais o ambiente for um instrumento de aprendizagem, mais a criança se tornará ativa na construção do seu saber. O ambiente não é, porém, o único a estimular a autonomia e a liberdade; também os materiais são elementos que podem fortalecer o potencial desses conceitos.

> O método de observação é estabelecido sobre uma só base: que as crianças possam expressar-se livremente e assim nos revelar suas necessidades e seus comportamentos, que permanecem escondidos e reprimidos quando não existe um ambiente adequado para permitir suas ações espontâneas (Montessori, 1999a, p. 50).

Os materiais representam um componente fundamental nessa abordagem e foram idealizados pela própria Montessori como resultado do seu complexo estudo experimental. Eles foram projetados a partir de atentos processos de observação conduzidos por ela mesma, com o intuito de promover competências específicas nas crianças. O rigor metodológico com o qual foram formulados e a absoluta importância atribuída à observação sistemática permitem-nos definir os materiais Montessori como científicos e diferenciá-los dos recursos didáticos tradicionalmente utilizados pelos professores, pois exercem uma verdadeira função de aprendizagem para a criança, permitindo-lhes exercitar de maneira autônoma determinados processos cognitivos.

Podemos identificar algumas características em comum nesses materiais: a capacidade de atrair a atenção através de características estéticas harmônicas (cor, brilho etc.), a possibilidade de mover e manipular objetos concretos e a proposta de atividades com dificuldade progressivamente maior, de modo que os alunos enfrentem um desafio por vez. É um sistema coerente de instrumentos que, a partir da classificação sistemática das qualidades sensoriais dos elementos, permite a exploração das bases do saber. Esses recursos nos permitem *dare il mondo al bambino* [dar o mundo à criança], como defendia Montessori, e oferecer-lhes os meios para explorar a realidade com uma modalidade que está ao seu alcance, baseada na sensorialidade, no isolamento das habilidades a serem trabalhadas (um elemento por vez) e com dificuldade progressiva (do simples ao complexo). O material montessoriano garante a autonomia das crianças graças a um modelo específico de uso, que (1) as encoraja a monitorar os erros cometidos sem a intervenção do professor, o que as leva a pensar sobre o que fazem levando em consideração suas necessidades específicas (ritmos de aprendizado, espaços nos quais trabalhar), (2) oferece à criança objetos que a atraem e estimulam sua curiosidade, pensados nos mínimos detalhes e construídos de acordo com uma harmonia estética, e (3) prevê que a quantidade de material montessoriano seja limitada, de modo que em cada sala exista uma única unidade de cada material, a fim de que as crianças aprendam a respeitar os turnos para a utilização dos objetos e, ao mesmo tempo, a respeitarem-se uns aos outros.

O material utilizado no Método Montessori é chamado de material de desenvolvimento, pois não é apenas um material didático regular que serve para ajudar na realização de um trabalho, mas orienta a criança para a *autoeducação*. A sua utilização permite que a criança que explora e conhece a realidade ao seu redor tome consciência dos seus erros através do mecanismo de autocorreção e adquira autonomamente os conceitos explorados, passando da concretude à abstração. Os diferentes materiais são apresentados pelo professor seguindo uma ordem gradual e de acordo com as áreas temáticas clássicas da aprendizagem, como o desenvolvimento dos conhecimentos ligados aos cinco sentidos, passando pelos conceitos do pensamento matemático, as regras da linguística e disciplinas como Geografia, História e Ciências, abordadas, porém, a partir de uma perspectiva interdisciplinar.

Um ambiente cientificamente organizado permite à criança escolher com qual material trabalhar de acordo com seus interesses e ritmos de aprendizagem, que são diferentes para cada um de nós. Os materiais de desenvolvimento favorecem, além disso, um clima de equipe não competitiva graças à prática da autocorreção. São úteis também na gestão da heterogeneidade, pois preveem sempre um contato físico e uma exploração sensorial que conduz com extrema delicadeza a conquista do pensamento abstrato, entendendo-o como base da aprendizagem e facilitando-o progressivamente.

Esse clima positivo que caracteriza a educação nas escolas com abordagem montessoriana é possível também graças à presença de um professor que se coloca no mesmo plano dos alunos, respeitoso e sinceramente interessado nas discussões e trocas. O professor em questão acaba por ser "não autoritário e não invasivo, mas observador discreto, organizador e guardião do ambiente" (Pesci, 2010, p. 167).

Montessori chama um professor genérico de *diretora* (no feminino), porque esta exerce o papel de observadora da turma, tendendo não a ensinar em primeira pessoa, mas a orientar a criança no seu desenvolvimento fisiológico e psíquico, incentivando o contato com o meio. A professora não deve transmitir noções e conceitos aos seus alunos, e sim guiá-los ao longo do seu crescimento, intervindo o mínimo possível. Em uma escola montessoriana, além de manter uma atenta observação, é tarefa fundamental da professora a gestão do ambiente da sala de aula (que deve apresentar-se ordenada e limpa, de modo a facilitar a livre-escolha dos materiais por parte das crianças) e a apresentação dos materiais, que deve acontecer de acordo com o tipo de aula montessoriano que será empregado: individual, em que a professora se senta ao lado de uma única criança; de três tempos, dedicada aos materiais sensoriais; a grande aula, que envolve todas as crianças e visa despertar a curiosidade e estimular a imaginação dos alunos; a aula-chave; e a aula complementar. Um professor entende que trabalhou no melhor dos modos quando constata que as suas crianças trabalham com concentração e interesse mesmo na sua ausência. O papel da diretora, então, tendo em vista as tarefas que deve desempenhar, pode ser comparado ao que o terapeuta faz na relação que cria com o paciente, porque em ambos os casos visa-se não impor a própria vontade aos outros, e sim potencializar a individualidade e a autonomia (Opera Nazionale Montessori, 1993b).

Em síntese, a professora montessoriana tem numerosas tarefas: deve conhecer bem o material, saber apresentá-lo no momento certo do desenvolvimento da criança e usar poucas, mas precisas palavras – *Le parole tue sien conte* ["As palavras importam", em latim], dizia Montessori, citando Dante. A *diretora* também deve monitorar e manter ordenado o ambiente da sala de aula, além de observar a criança na sua interação livre com objetos e ambiente. Ao fazer isso, a professora deve estar atenta a fornecer uma ajuda que apoie o percurso autônomo dos alunos, sem se substituir a isso ou reprimir sua livre-expressão:

> A professora não faz outra coisa além de ajudar a orientar os alunos entre tantas coisas diferentes e a aprender seus usos específicos, ou seja, inicia-os à vida ordenada e ativa no ambiente. Mas então ela o deixa livre na escolha e na execução do trabalho (Montessori, 1999a, p. 69).

A respeito disso, consideramos importante especificar melhor as características fundamentais da aula de três tempos, modalidade em que o professor deve explicar com precisão como os materiais de desenvolvimento serão usados e que tanto se diferencia das aulas tradicionais, muito mais centradas no adulto do que nas crianças. Para Montessori, a aula deve apresentar três características fundamentais.

A primeira é a brevidade. A professora deve ser o mais concisa possível na sua explicação, ao mesmo tempo que transmite a mensagem para as crianças da maneira correta; ela deve ser clara e breve: "A perfeição consiste na busca do mínimo necessário e suficiente" (Montessori, 1999a, p. 117).

A segunda é a simplicidade, isto é, a professora deve utilizar palavras simples que cheguem à criança do modo mais direto possível; ela deve "representar a exata verdade" (Montessori, 1999a, p. 118).

A terceira e última característica é a objetividade, ou seja, a professora deve colocar-se do modo mais objetivo possível durante a explicação; "A personalidade da professora desaparece e em evidência permanece só o objeto no qual você deseja que a atenção da criança se concentre" (Montessori, 1999a, p. 118).

2.5 A autoeducação e a autoavaliação

Nas escolas com abordagem Montessori, a avaliação é um processo que assume uma conotação muito específica, que preza principalmente pela centralidade do aluno e pelo respeito de suas modalidades pessoais de aprendizagem. Como se sabe, a ação de avaliar coloca em questão não apenas os processos de tipo cognitivo, mas também aqueles de tipo afetivo, relacional e motivacional. Nessa perspectiva, a avaliação se torna um processo particularmente delicado para a construção das ideias que um sujeito elabora sobre si mesmo (Tornar, 2007). O ambiente montessoriano tem como principal objetivo o desenvolvimento da autonomia na criança e, nesse sentido, é organizado para que os estímulos nele presentes criem um circuito interativo (Tornar, 2007) através do qual se institui uma relação direta entre as ações do aluno e as consequências dos seus comportamentos no ambiente. De forma autônoma, a criança entende se e onde errou, seja na manipulação dos materiais, seja na interação com o ambiente em si (quando, por exemplo, esbarra e deixa cair um vaso de vidro ou uma taça de cerâmica). A organização do ambiente, espelhado em uma atmosfera familiar, permite que a criança, mesmo pequena, encontre esponjas, panos e vassouras à sua disposição para remediar o comportamento incorreto; é importante notar que, nessa perspectiva, não existem sanções ou repreensões: é o *feedback* que resulta da interação com os materiais dispostos no ambiente a ensinar, a mostrar qual é imediata e inequivocadamente a conduta a ser corrigida. Podemos aplicar o mesmo princípio aos materiais de desenvolvimento, que permitem ao aluno entender sozinho o erro, sem a mediação (por vezes constrangedora) da professora, que dispensa prêmios ou castigos:

o rigoroso planejamento dos materiais já prevê que, com o uso, a criança entenda diretamente e em primeira pessoa se errou ou não e possa, em consequência, autocorrigir-se.

Para Montessori, ao estudarmos o comportamento infantil é fundamental que nos desatrelemos do velho conceito escolar de "tirar proveito" do estudo e que, em lugar disso, consideremos seriamente a avaliação dos processos que o aluno realiza dentro do ambiente de aprendizagem.

> É necessário colocar-se no ponto de vista de um pesquisador para interpretar os fatos que se manifestam na criança quando eles são tratados com este método e separar-se completamente do antigo conceito escolar, segundo o qual se seguiam os progressos das crianças a partir do "proveito" que tiram do estudo (Montessori, 2000b, p. 77).

Vemos nessas ideias uma antecipada reflexão didático-pedagógica, cada vez mais forte nos últimos anos, que é o convite aos professores para dar valor não apenas ou não tanto ao resultado final, mas sim ao percurso de aprendizagem vivido pela criança. Em outras palavras, Montessori antecipou a necessidade de concentrar a avaliação não nos produtos (o *que* se aprendeu) mas nos processos (*como* se aprendeu). Isso demonstra a importância dada por Montessori à observação das crianças em contextos que fazem sentido, colocando-as diante de tarefas reais e não de provas descontextualizadas, como mais ou menos acontece nos contextos escolares não caracterizados por abordagens experimentais específicas (Tornar, 2007). A partir dessas reflexões, toma forma uma das estratégias didáticas típicas da escola primária Montessori: *a conferência*, em que se convidam os alunos que desenvolveram um percurso de pesquisa em grupo a apresentar os próprios resultados para a turma.

Como já antecipado anteriormente, além da lição de três tempos, a professora Montessori utiliza, sobretudo no ensino fundamental, a "grande aula", uma apresentação voltada a toda a turma, que tem o intuito de introduzir um novo assunto, estimulando a curiosidade e apelando para a capacidade imaginativa das crianças. Normalmente, a uma *grande aula* se seguem momentos de trabalho em pequenos grupos, voltados ao aprofundamento de uma temática escolhida pelos alunos e durante os quais o professor se torna um verdadeiro apoio ao processo de descoberta autônoma, mostrando textos, recursos digitais úteis e livros ilustrados de difícil disponibilidade, e dando suporte ao percurso de descoberta dos grupos. Ao fim dos trabalhos, as crianças são chamadas a apresentar para o restante dos colegas os resultados da sua pesquisa, compartilhando seus aprendizados, relatando suas experiências e mostrando os materiais que utilizaram. O percurso de pesquisa termina com a organização de uma "conferência", que prevê o envolvimento ativo das crianças para que, em turnos, exponham o assunto escolhido ao restante da turma e ao professor. É um momento extremamente enriquecedor para o aprendizado do aluno, pois, ao prestar atenção na apresentação dos colegas, ele tem a chance de ampliar consideravelmente o próprio repertório de palavras, além de ser um estímulo à superação da vergonha e à exposição de ideias diante de um grupo de pessoas, defendendo os próprios pontos de vista. As conferências estimulam um processo de autoavaliação por parte da criança porque elas devem analisar a sua apresentação para, eventualmente, melhorá-la antes de expor aos outros colegas e ao professor a sua argumentação; além disso, durante a apresentação dos colegas, os alunos devem estar cientes daquilo que acabaram de aprender e lembrar-se disso. As perguntas e as curiosidades dos ouvintes, assim como os *feedbacks* espontâneos e, no mais, muito verídicos das crianças, representam uma forma de avaliação autêntica e contextualizada do percurso desenvolvido, ainda que não parta diretamente do professor, através da atribuição de uma nota. O trabalho em grupo permite ao professor pensar em formas de avaliação não individualizadas ou competitivas, favorecendo formas espontâneas de colaboração entre os alunos também em turmas mistas quanto à idade.

2.6 Método ou abordagem filosófica?

Honestamente, não achamos que o Método Montessori possa ser experimentado progressivamente nas escolas, modificando aos poucos o papel do professor; em vez disso, apoiamos certo rigor e uma considerável sistematização na introdução de tais abordagens pedagógicas nas escolas públicas. Melhor dizendo, acreditamos que o método, se escolhido como base pedagógica, deve ser seguido com precisão: a começar pela formação dos professores, seguida de uma adequada organização dos espaços e dos tempos de utilização dos materiais pelas crianças. Na Itália, resumindo ao máximo a questão, podemos dizer que o método foi difundido apenas de modo parcial, impactando algumas escolas que historicamente adotaram práticas montessorianas, mas sem que influenciasse de forma significativa nem a formação geral dos professores, nem a organização interna das escolas. Há alguns anos estamos assistindo a uma nova fase de "apaixonamento" pelo legado de Montessori, marcada pela recuperação das suas ideias e por uma oferta, incrivelmente sempre maior, de cursos de formação oferecidos por escolas Montessori. Outros países europeus, ao invés, preferiram uma progressiva absorção dos princípios montessorianos nas escolas públicas (alguns jardins de infância na Alemanha organizam cantinhos com materiais Montessori de Matemática ou de Vida Cotidiana[15], por exemplo) e nas particulares (amplamente difundidas nos Países Baixos e no norte da Europa). Como ativos apoiadores dessa abordagem didática e pedagógica, devemos torcer pela sua difusão – finalmente! – e mostrar-nos entusiastas diante da intenção, manifestada recentemente em tantas escolas, de querer fazer aulas experimentais com abordagem Montessori. Na maior parte do tempo estamos. É inútil, porém, esconder certo temor, e por isso convidamos os interessados a agir com cautela. Como dissemos, os materiais de desenvolvimento, a organização do ambiente, a gestão

15. Os materiais didáticos montessorianos são divididos em cinco categorias: Exercícios para a Vida Cotidiana, Material Sensorial, Material de Linguagem, Material de Matemática e Material de Ciências [N.T.].

do tempo de trabalho, a ausência de notas e o papel de diretora da professora são elementos que têm uma ligação íntima, que funcionam apenas se aplicados em toda a sua delicada complexidade. As tentativas experimentais devem, portanto, respeitar tais elementos, sem negligenciar a formação rigorosa do professor no que diz respeito à apresentação dos materiais e garantindo efetivamente horas de trabalho livre para os alunos.

Assistimos quase diariamente a discussões entre professores de escolas públicas com abordagem Montessori, em debates que buscam entender como fazer coincidir os ensinamentos desse método com as exigências das instituições públicas, e é sempre no estudo que encontramos a resposta: lendo os textos de Montessori, não encontramos tantas prescrições (como se o método fosse uma receita, uma soma de ingredientes), mas sim sugestões práticas e reflexões filosóficas que indicam com clareza a estrada a ser percorrida. Vejamos o exemplo que reflete sobre a nota de uma avaliação. Toda escola pública é obrigada a dar a cada aluno uma nota ao fim do ano letivo. Se a escola está experimentando uma abordagem Montessori ao ensino, se encontrará em grande dificuldade para encontrar uma solução, mas, voltando ao estudo dos ensinamentos, os professores entenderão o motivo da pergunta e o profundo pensamento que está por trás da reflexão montessoriana, vendo por si só, consequentemente, que a nota não constituirá mais um ponto de chegada, pois será no processo que o professor colocará sua atenção[16]. Se focarmos as bases do pensamento, e não uma série de prescrições, somos certamente capazes de encontrar uma solução, continuando com rigor ancorados na ideia original.

---

16. Na Alemanha, a escola primária Montessori de Bressanone (na província de Bolzano) é uma instituição pública que há quase 15 anos experimenta o método. Os professores geralmente entregam as notas em uma sacola fechada e, na última reunião, fazem uma longa e atenta descrição do aluno, que se torna, para todos os agentes envolvidos (aluno, professor e responsáveis), o foco efetivo do discurso. Esse é um exemplo de interseção entre algumas exigências práticas impostas pelo sistema escolar e ações baseadas nas instruções de Montessori.

O retorno constante ao estudo das bases dessa abordagem abre a possibilidade de ler Montessori não tanto ou apenas como a criadora de um método, mas também como atenta observadora da criança e pesquisadora dos seus interesses. Podemos aprender a colocar em discussão alguns dos nossos comportamentos autoritários seja como professores, pais, avós, pediatras ou assistentes sociais. Para isso, desejamos que as reflexões partilhadas aqui incitem a conhecer mais profundamente ou a descobrir essa brilhante cientista, ainda pouco conhecida na Itália, que já influenciou milhares de escolas espalhadas em diversos continentes do mundo.

2.7 Na prática: exemplos de materiais Montessori

Como buscamos mostrar até aqui, o método não se improvisa: sem a garantia de poder assegurar a alunos e pais o acesso à globalidade dos aspectos que o caracterizam (ambiente, material, professor, gestão do tempo etc.), não se deveria falar de experimentação montessoriana. Esperamos que esses aspectos fiquem claros uma vez que alguém for exposto às suas ideias (ainda que de maneira resumida): as suas reflexões, com incrível capacidade de prever, mostram que é possível ver realizado um *outro* tipo de escola, bem como de sociedade. Suas ideias nos permitem não apenas conhecer melhor as crianças e seus modos de aprender, como também, graças às experimentações conduzidas ao longo dos anos em países tão distantes quanto diferentes uns dos outros, ter acesso a um repertório vastíssimo de experiências e reflexões sobre as crianças e sobre as características que deveriam constituir os ambientes de aprendizagem que pretendem ser sinceramente respeitosos com os aprendizes. O estudo das suas ideias e das experimentações efetuadas por ela não nos deixa indiferentes e nos convida a *tentar* um modo diferente de estar com as crianças: organizando cantinhos especiais em que possam trabalhar com autonomia ao menos por uma parte do tempo que passam na escola, construindo materiais sensoriais que os permitam aprender enquanto se movem, elaborando exercícios autocorretores e, sobretudo, colocando à disposição também das famílias instrumentos com os quais seja possível *fazer sozinho*, refletindo sobre o valor do "não" dito e sobre o conceito de "disciplina", observando as crianças com olhos diferentes e acendendo nelas a curiosidade.

Em vista disso, queremos apresentar alguns materiais de desenvolvimento que não deveriam jamais faltar em uma escola Montessori e como e por que são oferecidos às crianças. Há materiais voltados para os alunos da *Casa dei Bambini* (educação infantil) e do ensino fundamental I (*fusos*: trabalha com a ideia de uma matemática que pode ser "tocada") e do ensino fundamental II (*contrastes geográficos*: um exemplo de *educação cósmica*, conceito proposto por Montessori). Em ambos os casos, o papel do professor vai na direção de motivar os alunos para o trabalho autônomo no que diz respeito ao tempo de concentração deles e das suas naturais necessidades de movimento e de descoberta sensorial. Dessa forma, consideramos que a abordagem Montessori seja particularmente respeitosa com os ritmos de aprendizagem e com os interesses das crianças, mantendo também de forma imprescindível a promoção do movimento e da motricidade.

2.7.1 Os fusos

Quando a criança conhecer bem os números de 1 a 10, ela receberá unidades soltas: os fusos, um tipo de material que permite contar as unidades relativas aos vários grupos da série numérica de 0 a 9. As unidades são representadas por objetos separados, mas iguais entre si, que consistem em pequenos fusos, facilmente manejáveis.

2.7.1.1 Características

Os fusos permitem que a criança trabalhe com os números de 0 a 9 e, assim, associe um número à sua quantidade correspondente. Essa é uma atividade fundamental para ajudar na compreensão do significado dos números. Além disso, os fusos também podem ser amarrados com um pedaço de tecido dentro de uma pasta, promovendo a motricidade fina.

Esse é um clássico exemplo de material que leva a criança a autocorrigir-se. A caixa contém 45 fusos, ou seja, exatamente o resultado da soma dos primeiros nove números, de modo que, se são colocados fusos a mais ou a menos de quando indicado pelos números da casa correspondente, quando se chega ao fim do exercício esses não serão suficientes ou estarão em excesso, levando a criança a conferir o procedimento realizado.

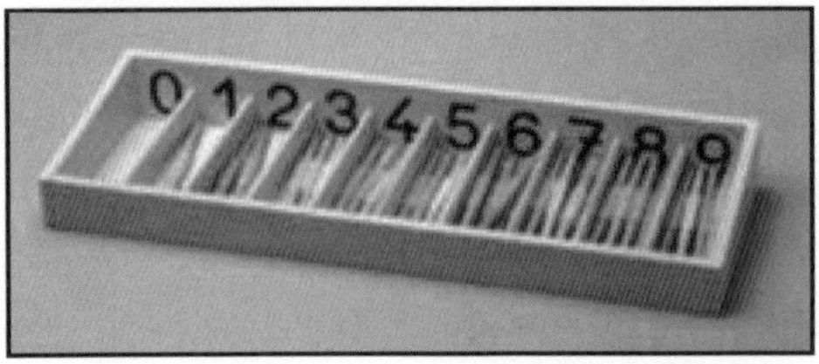

Figura 2.1 – Os fusos

2.7.1.2 Atividades extras

Respeitando-se os princípios do pensamento de Montessori (isolamento da dificuldade, atenção ao aspecto sensorial etc.), esses materiais podem ser reproduzidos também com materiais reutilizados, como canudos e palitos de madeira do mesmo tamanho, por exemplo. Naturalmente, o material escolhido pelas empresas especializadas garante certa harmonia geral, obtida a partir da escolha da madeira mais adequada ao toque e dosando com rigor as cores e os formatos dos objetos; apesar disso, consideramos muito positivo que um professor decida colocar à disposição dos seus alunos materiais que convidam ao trabalho sensorial.

2.7.2 Os contrastes geográficos

Os contrastes geográficos são o estudo da configuração horizontal da Terra. É como se nosso planeta fosse visto do alto: parece plano, pois se veem os contornos, mas não a altura. Com isso, aproximamos a criança de uma terminologia específica, propondo uma série de conceitos antônimos, como cabo/baía, sistema de lagos/arquipélago, península/golfo, lado/ilha, estreito/istmo (Figura 2.2).

Figura 2.2 – Contrastes geográficos e conceitos antônimos

Cabo/baía	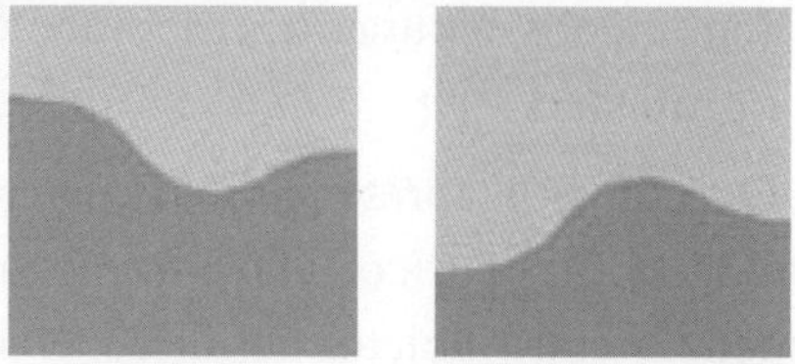
Sistema de lagos/arquipélago	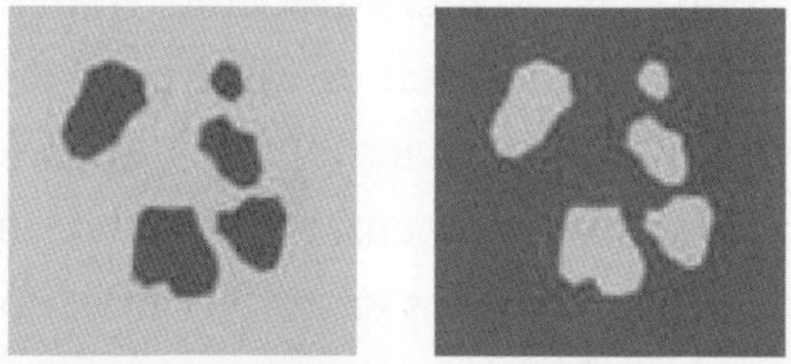
Península/golfo	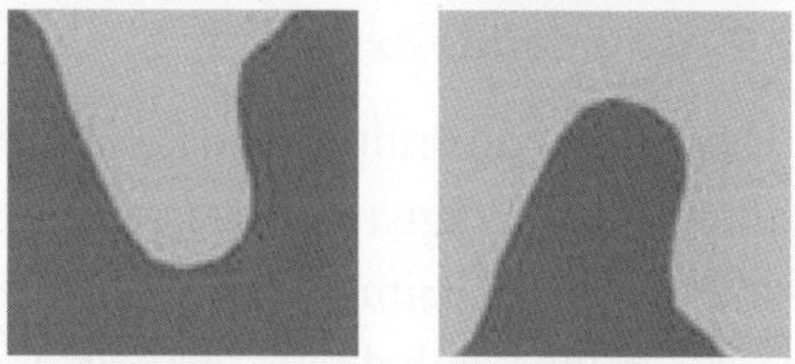
Lago/ilha	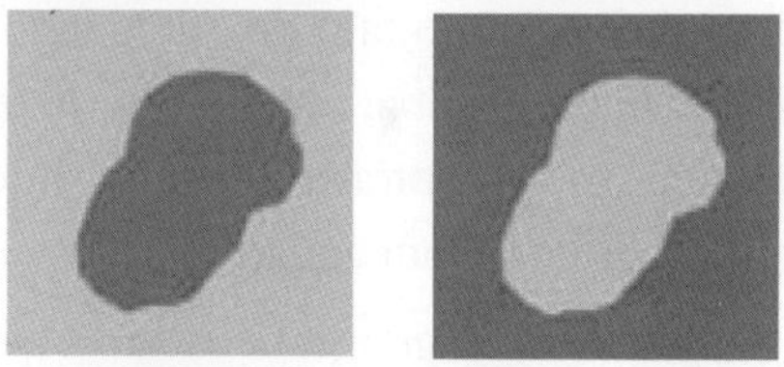
Estreito/istmo	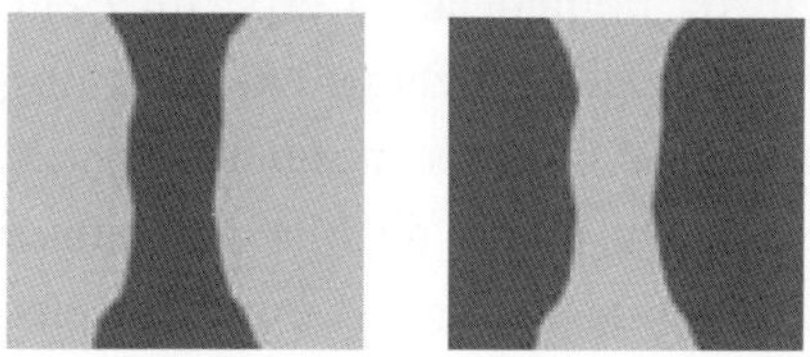

2.7.2.1 Características

Os contrastes geográficos se apresentam como 12 "plaquinhas" de plástico em que, despejando-se a quantidade correta de líquido, emergirá claramente a diferença entre partes de terra ou cobertas de água. Por meio de uma atividade manual, a criança é convidada a apoderar-se do vocabulário da geografia, dando o nome correto aos fenômenos naturais e combinando um conceito material ao seu significado.

O professor apresentará os materiais despejando a água nas plaquinhas de plástico e fazendo o grupo refletir sobre a correspondência entre objeto, definição e significado. Em um segundo momento, as crianças poderão trabalhar com uma nomenclatura específica e consultar o atlas para descrições mais detalhadas. É importante que o material seja utilizado diretamente pelas crianças, promovendo o raciocínio dedutivo e incentivando a observação do cosmo e as conexões entre o conhecimento.

2.7.2.2 Atividades extras

É possível construir este material utilizando argila e mostrando o trabalho feito pela água e pela terra em conjunto para dar forma ao território e moldá-lo assim como o conhecemos. De fato, o primeiro contraste geográfico trabalhado deveria ser o do lago/ilha, para que o professor destaque o fato de que o lago é um montante de água cercado por terra, e a ilha, um pedaço de terra circundada de água. Para apresentar cada contraste, deve-se iniciar enchendo uma bandeja com terra e outra com água.

Os contrastes geográficos também podem ser usados na tradução da nomenclatura específica em outras línguas, favorecendo assim uma alfabetização em duas línguas ao mesmo tempo, mostrando que com os mesmos materiais podemos trabalhar vários idiomas. Na época de Maria Montessori, não era comum ensinar uma segunda língua nas escolas; é necessário, portanto, adaptar os materiais aos diversos códigos linguísticos, promovendo, dessa forma, o uso de línguas francas. Além do conjunto de plaquinhas dos contrastes geográficos originais, existem tabuinhas com detalhes foscos e conjuntos de cartõezinhos com definições que podem ser associados a elas.

Bibliografia

Allerhand, A. (2011). *Giocare con l'aritmetica.* Multidea.

Balsamo, E. (2010). *Libertà e amore: l'approccio Montessori per un'educazione secondo natura.* Il Leone Verde.

Codello, F., & Stella, I. (2011). *Liberi di imparare.* Terra Nuova Edizioni.

Giovetti, P. (2009). *Maria Montessori: una biografia.* Mediterranee.

Honegger Fresco, G. (2008). *Maria Montessori: una storia attuale.* L'ancora del Mediterraneo.

Montessori, M. (1993). *Formazione dell'uomo.* Garzanti.

Montessori, M. (1994). *Dall'infanzia all'adolescenza.* Garzanti.

Montessori, M. (1999a). *Il segreto dell'infanzia.* Garzanti.

Montessori, M. (1999b). *La mente del bambino.* Garzanti.

Montessori, M. (1999c). *La scoperta del bambino.* Garzanti.

Montessori, M. (2000a). *Il bambino in famiglia.* Garzanti.

Montessori, M. (2000b). *L'autoeducazione.* Garzanti.

Montessori, M. (2000c). *Educazione per un mondo nuovo.* Garzanti.

Montessori, M. (2004). *Educazione e pace.* Opera Nazionale Montessori.

Montessori, M. (2011). *Come educare il potenziale umano.* Garzanti.

Neill, A. S. (2013). *I ragazzi felici di Summerhill.* Red Edizioni.

Nigris E., Negri S. C., & Zuccoli F. (2009). *Esperienza e didattica.* Carocci.

Opera Nazionale Montessori. (1993a). *Maria Montessori: il pensiero, il metodo* (Vol. 1). Giunti & Lisciani.

Opera Nazionale Montessori. (1993b). *Maria Montessori: il pensiero, il metodo* (Vol. 2). Giunti & Lisciani.

Pesci, F. (2010). *Maestri e idee della pedagogia moderna.* Mondadori.

Pignatari, M. (1967). *Maria Montessori cittadina del mondo.* Comitato Italiano Dell'Omep.

Regni, R. (2007). *Infanzia e società in Maria Montessori: il bambino padre dell'uomo.* Armando.

Schwegman, M. (1999). *Maria Montessori.* Il Mulino.

Scocchera, A. (2005). *Maria Montessori: una storia per il nostro tempo.* Opera Nazionale Montessori.

Tornar, C. (2007). *La pedagogia di Maria Montessori tra teoria e azione.* FrancoAngeli.

3

A didática aberta

Heidrun Demo

3.1 Princípios e bases da didática aberta

3.1.1 O que é a didática aberta?

A base da didática aberta está na liberdade de escolha do aluno e no papel ativo e participativo que essa abordagem lhe atribui. É um aluno que não só se beneficia de uma oferta formativa como também é de fato seu idealizador. De forma autônoma, o aluno toma decisões e dá forma, junto aos professores e colegas, ao próprio percurso de aprendizagem.

A didática é aberta no sentido de que abre espaço para as iniciativas das crianças; o aluno determina alguns (ou até mesmo a maior parte) dos aspectos do próprio percurso de aprendizagem. A criança escolhe, auto-organiza-se, autorregula-se, autodetermina-se e participa de todos os processos didáticos.

Na Alemanha, e de forma mais geral nos países de língua alemã, fala-se de didática aberta há quase 50 anos. Apesar disso, as diferentes conceituações da abordagem nunca conseguiram gerar uma definição unívoca.

Eiko Jürgens (2009), em um dos textos clássicos da tradição alemã sobre o assunto, publicado pela primeira vez em 1994, propõe buscar uma definição que possa resumir todas essas conceitualizações heterogêneas, de modo a fazer uma colheita estruturada dos elementos comuns a essas diferentes posições. Um elemento que passa por todas elas e que, portanto, caracteriza a abordagem é a nova definição do papel do professor e do aluno, com um consequente efeito no modo de conceber o ensino-aprendizagem e no aparato metodológico necessário para realizá-lo (Quadro 3.1).

Quadro 3.1 – Elementos característicos da didática aberta (traduzido e adaptado de Jürgens, 2009, p. 45-46)

Características do comportamento do aluno: • autonomia na escolha e no desenvolvimento de cada atividade; • autonomia de escolha ou participação na escolha dos conteúdos e das metodologias.
Características do comportamento do professor: • apoio às iniciativas dos alunos; • relativização do papel de único planejador dos processos de ensino-aprendizagem; • valorização dos diversos interesses, desejos, necessidades e capacidades dos alunos.
Características do processo de ensino-aprendizagem: • aprendizagem baseada na descoberta, na resolução de problemas e na ação; • cada um é responsável pelo próprio percurso de aprendizagem.
Metodologias de ensino[17]: • trabalho em estações; • plano de trabalho semanal; • trabalho por projetos.

Peschel, em uma das conceituações mais radicais do ensino aberto, ajudou a definir melhor a autonomia e a liberdade de escolha que são negociadas com os alunos. Ela descreve a didática aberta como uma abordagem que

17. Algumas dessas metodologias serão tratadas de forma mais detalhada ao longo deste capítulo.

> permite a cada aluno fazer o seu através de uma metodologia individualizada e autodefinida que tem seus conteúdos autodeterminados tirados de um currículo amplo e através da liberdade de escolha dos lugares, dos ritmos e dos eventuais parceiros de aprendizagem. Do ponto de vista da socialização, a didática aberta visa à plena participação e à plena corresponsabilização do aluno no que diz respeito à organização da sala de aula, das regras da comunidade e da administração do tempo na escola (Peschel, 2006a, p. 78).

Nessa definição estão implicitamente incluídas quatro categorias de abertura nas quais se baseia a liberdade de escolha da criança (Quadro 3.2):

1. abertura organizativa (Onde? Quando? Com quem?);
2. abertura metodológica (Como?);
3. abertura de conteúdos (O quê?);
4. abertura na socialização (Com quais regras de convivência?).

Quadro 3.2 – Categorias de abertura (traduzido e adaptado de Peschel, 2006b, p. 38)

Abertura organizativa	Onde? Quando? Com quem?	Refere-se às escolhas que as crianças e os adolescentes podem fazer a respeito da parte organizativa do ensino-aprendizagem; faz parte desta abertura a escolha autônoma de ritmos, lugares e eventuais parceiros de aprendizagem.
Abertura metodológica	Como?	Refere-se às escolhas que as crianças e os adolescentes podem fazer a respeito das formas de resolver um problema, indagar um tema, desenvolver e exercitar uma competência; faz parte desta abertura a autorregulação dos processos de aprendizagem, explorando diversas maneiras de lidar com as tarefas e as ferramentas que podem facilitá-las, identificando os prós e contras e escolhendo, pouco a pouco, as melhores metodologias para si mesmos.

Abertura de conteúdos	O quê?	Refere-se às escolhas que as crianças e os adolescentes podem fazer a respeito dos conteúdos dos processos de ensino-aprendizagem; faz parte desta abertura a autodeterminação do conhecimento e das competências a serem aprendidas, sempre em relação a um currículo amplo e alinhado com as indicações nacionais.
Abertura na socialização	Com quais regras de convivência?	Refere-se às escolhas que as crianças podem fazer no que diz respeito à sua comunidade escolar, ao clima e às regras da classe, ao modo de administrar o tempo e os espaços comuns; faz parte desta abertura a participação ativa e democrática na definição de regras e nas modalidades de gestão das relações entre pares e com os professores, em iniciativas e experiências comuns à turma toda.

A proposta de Peschel é radical porque na sua conceitualização a verdadeira didática aberta é alcançada apenas quando todas essas aberturas são feitas.

Em anos mais recentes, Bohl e Kucharz (2010), mesmo reconhecendo o valor da categorização proposta por Peschel, colocaram em discussão essa visão radical da didática aberta. Eles propõem uma distinção entre a ideia de *abertura didática* e a da *didática verdadeiramente aberta*. As aberturas didáticas representam as escolhas de ensino que se abrem à decisão autônoma das crianças, mas não delegam a elas o planejamento didático inteiro, como acontece em uma didática aberta.

Para esclarecer essa diferença, propomos a seguir dois exemplos, um de didática aberta e um de abertura didática.

Exemplo de didática aberta

Em uma turma de ensino fundamental I, o professor de matemática entra em sala. Logo depois, toca o sinal que marca o início das aulas. As crianças chegam aos poucos, entram, cumprimentam o professor, cumprimentam-se entre si e batem papo; alguns pegam jogos ou livros trazidos de casa. Passados cerca de 15 minutos, uma menina diz, em voz alta, audível para todos os presentes na turma: "Roda, roda". As crianças e o professor vão para um canto da sala, pegam almofadas de um cesto se sentam em círculo. A menina pergunta se alguém quer contar alguma coisa. Uma colega, visivelmente irritada, diz ter dado por falta de um elástico de cabelo florido que estava no seu escaninho no dia anterior. Ela está convencida de que alguém o roubou. A primeira menina pergunta se alguém tem algo a dizer. Várias crianças pedem para falar e, ao fim da discussão, os alunos decidem que durante a manhã todas as crianças irão procurar pelo elástico na sala de aula para ver se o reencontram. Também o professor intervém em um momento, levantando a mão e esperando que a menina lhe dê a permissão de falar. A decisão final não é tomada nem dada por ela. Ao fim dessa discussão, a menina diz que é o momento de explicar o que cada um pretende fazer no dia. Todas as crianças dão as suas sugestões. Depois, todos juntos se levantam e começam a trabalhar, cada um no próprio projeto. O professor se senta em um banco e começa a ler um livro. Pouco depois, um menino se aproxima pedindo-o para lhe explicar como poderia escrever uma carta ao diretor da escola, pois gostaria de lhe pedir para usar um canteiro de flores do jardim para cultivar morangos que seriam comidos na hora do lanche. Enquanto isso, dois alunos estão escrevendo um livro com uma história de princesas, e outras quatro crianças constroem uma pista de carros com papelão. Uma menina pesquisa por placas de trânsito na internet: perguntará ao pai, que é guarda, o que significam.

Exemplo de abertura didática

Em uma turma de ensino fundamental II, a professora de italiano entra em sala com as crianças depois do intervalo. Enquanto cada uma se organiza nos seus lugares, a professora predispõe sobre a mesa uma pilha de livros de leitura, 23 folhas de exercício sobre o uso do "H" (uma por aluno) e outras 23 (sempre uma por aluno) com uma série de palavras a serem pesquisadas em um dicionário. Assim que as crianças se sentam nos seus lugares, a professora explica a eles que terão a próxima hora e meia para completar três tarefas: a leitura em voz baixa da página 46 do livro, a lista de atividades sobre o uso do "H" e a pesquisa no dicionário das palavras listadas no segundo grupo de folhas; os alunos poderão decidir sozinhos em que ordem fazer as tarefas. Poderão também escolher se trabalharão sozinhos, no próprio lugar, ou com um colega, procurando um lugar na sala em que tenham espaço para fazê-lo. O importante é que, ao falar, utilize-se sempre um tom de voz baixo.

3.1.2 De que modo a didática aberta contribui na gestão da heterogeneidade?

Existem, em essência, dois caminhos pelos quais a didática aberta pode contribuir positivamente na gestão de uma turma, levando-se em conta os diversos interesses e necessidades que coexistem em uma sala de aula: o da *descentralização da aprendizagem* e o da *diferenciação autodeterminada*.

As aberturas didáticas, mesmo aquelas menos radicais, permitem tornar rotina a individualização e a personalização dos percursos para todos. Se pegarmos como exemplo o tipo de abertura didática que acabamos de ilustrar e imaginarmos o aspecto que a turma assume uma vez que os alunos começam a trabalhar de acordo com as instruções da professora, veremos alguns alunos sentados no próprio lugar enquanto leem um livro, outros sentados de frente para o colega enquanto resolvem os exercícios, e outros ainda que, por sua vez, vão na direção das prateleiras com os dicionários em mãos para procurar as palavras da segunda folha de exercícios.

Cada aluno estará essencialmente fazendo algo diferente dos colegas. Assim sendo, o fato de passarmos mais ou menos tempo do que os colegas em uma atividade perde completamente a visibilidade e a importância. Se uma criança precisa que um parceiro de leitura leia em voz alta para ela, isso não é um problema porque, nesse contexto, trabalhar em dupla é uma das opções possíveis. Se depois eles precisarem trabalhar em folhas de exercício diferentes, mesmo que na mesma matéria (italiano), também isso não seria problema nesse modelo, em que, de qualquer forma, é normal que cada um esteja trabalhando em algo diferente, com uma modalidade diferente e em ritmos diferentes.

Esse primeiro elemento pode ser definido como *descentralização da aprendizagem*: o professor não está mais no centro da ação didática e dá-se mais espaço às ações de cada uma das crianças, que, portanto, têm a oportunidade de treinar múltiplas e diferentes formas de aprendizagem na mesma sala de aula. O professor age então como um diretor que, como no exemplo citado, prepara atividades, talvez até personalizando-as, se necessário, com exercícios diferentes para alguns alunos; mas, a partir daí, deixa que as ações de aprendizagem se desenvolvam em ritmos, lugares e dinâmicas de compartilhamento absolutamente individuais.

O outro caminho considera, ao invés, a possibilidade de que os alunos planejem as atividades e escolham as metodologias que usarão no próprio percurso formativo, sendo responsáveis, portanto, por parte da individualização e da personalização do próprio ensino.

Esta é certamente uma opção ambiciosa, pois prevê alunos que sejam capazes de fazer escolhas funcionais para o próprio percurso, mas é também particularmente interessante para as escolas italianas, onde não são poucos os professores que sentem o peso de administrar de modo eficaz os processos de individualização e personalização para tantos alunos que precisam e a que, com as normativas em relação às necessidades educativas especiais, têm direito.

A união entre autodeterminação e personalização que a didática aberta propõe permite aos professores compartilhar com os alunos a desafiadora tarefa de colocar em prática uma didática inclusiva, tornando possível até a ideia de aplicar individualizações e personalizações para todos, e não apenas para os alunos com necessidades educativas especiais.

São de fato os próprios alunos que, depois de desenvolverem uma consciência em relação às próprias modalidades de aprendizagem e de terem adquirido algumas competências ligadas à capacidade de escolher e de administrar de maneira autônoma o próprio trabalho, podem, em primeira pessoa, responsabilizar-se por um planejamento inteiramente individualizado.

Esse aspecto da didática aberta pode se chamar *diferenciação autodeterminada*, pois dá aos alunos a possibilidade de escolher, planejar, realizar e analisar o próprio percurso formativo, que pode ser diferente do dos colegas, mas que é coerente com o próprio estilo de aprendizagem e com a sua própria história.

3.1.3 *Algumas metodologias*

A abordagem que propõe uma didática aberta materializou-se em algumas metodologias. As descrições feitas aqui serão muito resumidas, porém úteis para imaginar concretamente possíveis aplicações práticas da abertura didática.

3.1.3.1 O trabalho em estações

O trabalho em estações prevê a instalação, em sala de aula ou em outros lugares (jardins, quadras, corredores, laboratórios etc.), de diversos nichos – as estações – que proponham tarefas diferentes, porém ligadas entre si pelo fato de terem uma temática em comum ou por uma competência que é desenvolvida ou exercitada em várias fases. As estações permitem elaborar diversos aspectos de uma mesma temática ou de uma competência por meio de materiais diferentes, linguagens diferentes, sentidos diferentes e tarefas que requerem estilos de pensamento e aprendizagem diferentes. Cada estação deve conter as instruções e os materiais necessários para que a tarefa possa ser executada autonomamente pelos alunos.

Uma opção é pedir aos alunos para passar obrigatoriamente em todas as estações, mas é possível também propor a obrigatoriedade apenas de algumas ou, ainda, delegar totalmente a escolha às crianças. Quando o professor escolhe estações obrigatórias diferentes de acordo com o aluno ou se há escolha livre das estações por parte dos próprios estudantes, torna-se então possível construir percursos individualizados e personalizados.

No centro da proposta de aprendizagem por estações existem dois aspectos: a autonomia e a variedade metodológica. A autonomia é garantida pelo fato de que as estações devem ser construídas pelo professor de modo tal que permitam à criança entender o que é solicitado na tarefa proposta e de resolvê-la com os materiais e as informações presentes na estação.

A variedade metodológica se baseia na ideia de que é útil abordar a exploração de uma temática ou o desenvolvimento de uma competência através de diversas vias didáticas, que então demandam linguagens, sentidos e jeitos diferentes de aprender.

Um dos maiores desafios dos professores que utilizam esse modelo é justamente a concepção de todas essas diferentes vias e a criação de materiais que as facilitem (Reich, 2007).

3.1.3.2 O plano de trabalho semanal

O plano de trabalho semanal é uma ferramenta que consiste em uma lista de tarefas a serem feitas, entregues às crianças ou aos adolescentes, os quais se organizam autonomamente para terminá-las no tempo previsto – em geral, uma semana.

Em alguns momentos pré-estabelecidos (uma hora por dia, por exemplo, mas que também pode ser mais ou menos do que isso), as crianças se dedicam à resolução das tarefas previstas pelo plano autonomamente e sob a sua própria responsabilidade.

As tarefas do plano de trabalho semanal podem ser obrigatórias e comuns a todos; obrigatórias, porém personalizadas de acordo com o aluno; ou ainda escolhidas livremente entre as alternativas disponibilizadas pelo professor ou que eles mesmos inventarem.

Os alunos decidem autonomamente em que ordem e por quanto tempo vão trabalhar nas diversas tarefas, além de poder escolher se desenvolverão a atividade sozinhos, em dupla ou em grupo (ainda que, para algumas tarefas, as instruções do professor possam dar indicações nesse sentido). Os materiais e os instrumentos necessários para a resolução da atividade são apresentados de forma clara, colocados sempre no mesmo lugar e, às vezes, acompanhados de uma folha com instruções.

Diferentemente do trabalho em estações, que é utilizado para o desenvolvimento de temas ou competências específicas, o plano de trabalho semanal adquire normalmente um caráter de rotina e é inserido semanalmente ao longo de todo o ano escolar (Reich, 2007).

3.1.3.3 A didática aberta mais radical

Uma turma é um grupo de pessoas (alunos e professores) que está junto por um motivo: aprender. A partir do momento em que esse grupo se reúne no início da primeira aula, seus membros começam a formular regras que os permita aprender ao máximo e a conviver da melhor maneira possível.

De acordo com essa metodologia, está claro para as crianças que a aprendizagem é o objetivo final da instituição escolar e, quando estão na sala de aula, elas têm também a intenção de aprender. Elas sabem, por exemplo, que ao longo dos anos aprenderão a ler e a escrever sempre melhor e a operar com números cada vez maiores. Têm vontade de aprender coisas que seus irmãos e irmãs mais velhos sabem fazer ou que viram ser utilizadas fora da escola, na "vida real".

Nesse modelo, não é o adulto que lentamente guia e acompanha as crianças durante o seu processo de crescimento e as ajuda a tornarem-se sempre mais autônomas e capazes de exercitar as suas liberdades de escolha. A plena liberdade é dada desde o início: é a turma que, conforme os problemas e desejos se apresentam, constrói um conjunto de normas que irá regular a convivência. Apenas através da experiência da liberdade aprendemos a administrar a liberdade para nós mesmos e para os outros (Peschel, 2006a, 2006b).

3.2 A organização da didática aberta

3.2.1 Qual é o papel do aluno?

Na didática aberta, o aluno é central e tem uma grande liberdade de escolha, com a possibilidade, mas também a responsabilidade, de assumir o controle, em medida que varia de acordo com as próprias capacidades e com base nas possibilidades criadas pelo professor e no próprio percurso de aprendizagem.

É um aluno ativo, que tem a possibilidade de criar objetivos e projetar percursos para realizá-los. É um aluno que cultiva e alimenta seus interesses e suas paixões.

No dia a dia, no ambiente de aprendizagem e nas interações com os pares ou com os adultos de referência, o aluno cria sua própria motivação para aprender. Esta não é necessariamente inata, podendo, de fato, nascer do desejo de imitar um amigo ou de ser reconhecido pelas próprias habilidades em um grupo. É, porém, uma motivação sempre guiada por um interesse próprio.

Além disso, o aluno habituado a uma didática aberta sabe administrar o próprio tempo. Organiza as próprias jornadas em um ritmo que alterna momentos de trabalho concentrado a outros de pausa e relaxamento. Reconhece a preferência por alguns tipos de linguagem e escolhe as próprias atividades e materiais levando-a em consideração. É um aluno que se conhece: sabe em que lugares prefere ler, escrever ou mesmo debater. Sabe com quem é mais eficaz fazer determinada atividade, escolhe os colegas para serem suporte ou para serem ajudados e identifica outros com os quais compartilhar certo projeto. Ao pensar nos seus objetivos e nos percursos que deve seguir para alcançá-los, o aluno leva em consideração, ainda que só implicitamente, as próprias experiências de vida e conhecimentos prévios.

Esse aluno, a partir da liberdade que a dinâmica da didática lhe oferece, constrói um próprio percurso de aprendizagem, individualizado e personalizado. É um aluno livre e ao mesmo tempo muito hábil. Para que a liberdade que tem à disposição se transforme de potencial a ação concretizada, o aluno precisa de pelo menos três tipos de competência. Em primeiro lugar, são necessárias competências que o guiem nas suas escolhas de forma que estas o levem a uma aprendizagem eficaz: o aluno deve conhecer as próprias preferências, inclinações e características no campo da aprendizagem e, com base nelas, deve ser capaz de fazer escolhas que sejam coerentes com a ideia de construir para si o melhor percurso possível.

Em segundo lugar se fazem necessárias habilidades instrumentais, como a leitura, a escrita e a capacidade de pesquisar por informações e apresentá-las; é através dessas competências que o aluno pode, de fato, avançar na realização de projetos mais complexos.

Por fim, será necessário desenvolver uma série de competências sociais e afetivas que o ajudarão a administrar de modo eficaz as relações e as parcerias com os outros que, eventualmente, trabalharão com ele na realização de um projeto ou mesmo que apenas compartilharão com ele o mesmo espaço.

Essas são competências complexas, difíceis de desenvolver e, assim como na literatura, ainda que o objetivo seja claro, não o é na mesma medida o percurso necessário para alcançá-lo.

Quanto auxílio e quanta liberdade são necessários para desenvolver essas competências? Funciona melhor um percurso em que desde o início seja dada ao aluno a liberdade de escolha, na confiança de que só assim possa aprender a administrá-la (Peschel, 2006a), ou, ao contrário, é melhor um percurso bem estruturado em que as competências necessárias sejam ensinadas passo a passo (Klippert, 2004)?

A discussão é aberta. Neste capítulo, eu defenderei a segunda posição. Acredito que uma abordagem radical demais, e portanto liberal, poderia não garantir de fato equidade no que diz respeito à formação, algo que me parece um ponto central para uma didática inclusiva. Como, por exemplo, alunos com uma deficiência intelectual, e em consequência com uma maior dificuldade para ativar processos de metacognição e consciência, poderiam propor eficazmente as próprias escolhas, sem um percurso claro que os inicie nisso? Ou, ainda, como se pode imaginar que um ambiente que não guie os alunos pelos diversos instrumentos culturais não acentue ainda mais diferenças no campo de riquezas culturais entre os alunos?

3.2.2 Qual é o papel do professor?

Na didática aberta, as ações do professor são de acompanhamento e suporte ao percurso da criança. Não é o professor que veicula conhecimentos e competências ao projetar o percurso didático para seus alunos, mas ele se comporta, ao invés, como um professor que espera, encoraja, responde, pergunta e ajuda, se solicitado.

A atitude característica é de uma sólida confiança na vontade e na capacidade de aprender de cada aluno. Esse professor está convencido de que cada aluno tem o desejo de realizar projetos que tenham potencial para uma aprendizagem significativa. O dever do professor é, então, criar um ambiente em que essa capacidade de aprender possa realizar-se.

Não é, portanto, um professor que programa e projeta, mas um professor que observa, espera e encoraja os percursos que os alunos decidem tomar; às vezes, mostra e explica, mas só se solicitado pelo aluno.

Nessa abordagem, o professor perde o papel de mediador didático, ou seja, daquele que se põe como o elo de união entre o saber disciplinar e o aluno. É o próprio estudante que entra em contato direto com os instrumentos, os saberes e as competências de uma disciplina para construir o próprio percurso pessoal através deles (Peschel, 2006a).

Um aluno, guiado por uma didática aberta, descreve da seguinte forma seu professor, Falko: "Ele é bastante útil se você pergunta algo a ele. Falko trabalha bem com as crianças. Mostra de um jeito gentil como funcionam as coisas. Mas ele nunca diz qual é a resposta completa" (Peschel, 2006a, p. 175).

Essa descrição marca um ponto de chegada. O professor pode assumir esse papel descentralizado no momento em que tenha diante de si um aluno com as competências necessárias para guiar-se sozinho. Antes, e portanto certamente durante todo o ensino fundamental I, o professor – se nos apoiamos, como eu o faço, na ideia de uma abertura gradual à didática aberta – deve ser entendido como aquele que conduz passo a passo a pequenas etapas estruturadas por meio do desenvolvimento de competências ligadas à administração da liberdade que essa abordagem oferece à criança, que pode tornar-se uma oportunidade para escolhas eficazes apenas se conscientemente administrada. É então dever do professor acompanhar os alunos através de um percurso de competências metacognitivas que os levará a desenvolver estratégias de autorregulação eficazes e conscientes e ao desenvolvimento de competências sociais e afetivas.

3.2.3 Que forma assumem o tempo e os espaços na didática aberta?

Para criar um ambiente educativo adequado para a realização da didática aberta, os espaços e tempo da escola precisam de uma organização e de uma estruturação que possam garantir a liberdade de escolha típica dessa abordagem.

As salas de aula são estruturadas de modo a permitir o desenvolvimento contemporâneo de atividades diferentes dentro no mesmo espaço. São criados ambientes em que os móveis estão de acordo com as diversas preferências das crianças e que respeitam as suas necessidades de movimento.

É, portanto, uma sala de aula pensada e projetada para ter espaços que possam responder a necessidades e preferências diferentes: um cantinho mais informal onde as crianças possam estar sentadas e relaxadas sob móveis pouco estruturados, como almofadas, tapetes ou simplesmente um espaço vazio; um outro onde se possa trabalhar em pé, talvez apoiados sob uma mesa ou uma prateleira mais alta; diversos locais em que seja possível trabalhar sozinho, talvez diante de uma parede sem distrações; e também um par de mesinhas maiores onde seja possível trabalhar em dupla ou em um pequeno grupo. Quanto maior o espaço, mais podemos pensar em cantos diferentes e locais fixos.

Se, como em muitas salas de aula, o espaço é pequeno, é importante pensar em soluções móveis: uma cesta de almofadas que podem ser usadas para criar um pequeno espaço informal quando necessário, alguns bancos que podem ser movidos de forma a organizar, de vez em quando e com base nas exigências, locais para trabalhos individuais ou, se agrupados, que permitam trabalhar em dupla ou em pequenos grupos.

Uma outra característica típica de uma sala de aula feita para trabalhar com essa abordagem é a acessibilidade ao material. Deve haver muitas prateleiras e poucos armários fechados. São previstas também gavetas, estantes, cestos e caixas transparentes que organizem os materiais de forma ordenada e permitam, portanto, que as crianças possam orientar-se autonomamente entre os objetos que precisam para as suas atividades.

Quanto ao tempo de duração das atividades, a situação ideal é representada por uma suspensão dos tempos de aula com consequente mudança de professor. A organização do tempo de escola em pedaços de 50 ou 60 minutos é claramente muito distante da ideia de poder seguir um projeto próprio pelo tempo em que se esteja disposto e com interesse em fazê-lo, o que garantiria então que as atividades se desenvolvessem na onda da maior motivação possível. Na atual situação da escola italiana, pode-se ir em direção a essa ideia tentando, ao menos, criar "blocos" mais longos.

Um momento importante que marca o início e o fim da rotina em muitas realidades que trabalham de acordo com a didática aberta é a roda. É nessa conformação que, a cada começo de jornada, as crianças compartilham os próprios projetos e intenções com os colegas e o professor. Ao mesmo tempo, antes de voltar para casa, é de novo na roda que cada um, individualmente, faz um balanço dos seus objetivos, analisando progressos ou eventuais dificuldades e obstáculos encontrados. Esse é um importante organizador do tempo: na roda, cada criança aprende a fazer previsões a respeito daquilo que pode conseguir realizar no espaço de tempo de um dia letivo. Com o tempo, pode-se também pensar em projetos a longo prazo, que podem durar uma semana ou, com crianças mais velhas, um mês.

3.2.4 Que forma assumem os materiais didáticos?

Já fizemos algumas vezes menção às diversas conceitualizações da didática aberta, que diferem sobretudo a respeito da radicalidade do contexto (didática aberta *vs.* abertura didática) e a gradualidade ou não da abertura à abordagem. Em relação aos materiais, essas diferentes contextualizações levam a contextos também bastante diferentes.

As formas mais radicais de didática aberta veem (metaforicamente) na "folha em branco" o melhor material didático (Zehnpfennig & Zehnpfennig, 1992). Essa metáfora representa a proposta de abandonar os materiais didáticos estruturados e de delegar às crianças a construção de instrumentos educacionais pessoais ligados aos seus percursos de aprendizado. Mais do que materiais, levam-se em conta todos os produtos que as crianças criam para documentar ou mostrar o seu trabalho. Exemplos desses materiais podem ser uma apresentação, um livro ou um modelo.

O princípio de fundo dessa proposta sobre os materiais é que o aluno não precisa de uma mediação didática, seja gerida pelo professor, seja induzida por materiais didáticos estruturados. A criança é entendida como a melhor mediadora didática para si mesma: será ela a escolher cada vez quais temáticas disciplinares abordar, com quais metodologias e com quais instrumentos. Nessa lógica, não se utilizam folhas de exercício, livros-texto ou jogos didáticos.

Estão à disposição das crianças, ao invés, fontes de informação direta como livros, revistas, internet e instrumentos típicos de cada disciplina, como lupa, compasso, régua e dicionário. As crianças também podem levar materiais de casa ou decidir procurá-los em lugares como a biblioteca (Peschel, 2006b).

Por outro lado, seguindo a ideia de introdução gradual à didática aberta, os materiais didáticos – entre os quais os tradicionais livros-texto ou folhas de exercício – podem ter seu lugar, ainda que sejam propostos e utilizados de modo diferente.

A ideia fundamental é que os materiais didáticos propostos devam garantir a cada aluno a possibilidade de encontrar o canal de acesso a certa temática ou ao percurso para o desenvolvimento de uma competência que se adeque a suas preferências e seu estilo de aprendizagem. Um livro-texto que seria usado para a turma inteira pode então ser substituído por uma pequena biblioteca de livros-texto com propostas diferentes, seja em relação aos níveis, seja em relação às metodologias. Da mesma forma, a folha de exercícios única para todos pode, nesse caso, assumir a forma de uma coleção de folhas de exercício sobre um mesmo tema que, mais uma vez, propõem variados modos de abordar um mesmo conteúdo.

Em algumas metodologias de didática aberta, como no trabalho em estações, é dada muita importância à variedade de materiais, com atenção particular às propostas de atividade que utilizam linguagens diferentes e estimulam inteligências de vários tipos. Em uma abordagem gradual à abertura didática, os materiais didáticos assumem o papel de instrumento por meio dos quais as crianças podem experimentar mais de um modo de estruturar a aprendizagem, escolhendo entre uma gama de propostas colocadas à disposição pelo professor (que vai sempre aumentando) e sobretudo sendo levados a refletir e avaliar a eficácia de certo tipo de material para o seu percurso de aprendizagem pessoal.

3.3 O planejamento na didática aberta

O planejamento na didática aberta pode parecer a tentativa impossível de tornar quadrada uma roda. Há certamente algo de paradoxal na ideia de um professor que planeje e prepare uma dinâmica de didática aberta, ao mesmo tempo que este deveria assumir o seu papel com base nas escolhas feitas livremente pelas crianças. Na verdade, também nas formas mais radicais de didática aberta, mesmo que haja uma fortíssima confiança na iniciativa e na capacidade de planejamento das crianças, o autor de referência Falko Peschel (2006a) defende a presença de um planejamento, ainda que evidentemente muito diferente daquele de uma aula que prevê uma forte centralidade no papel propositivo do professor. Ele sugere, de fato, uma série de perguntas que o professor deve se fazer, em um processo reflexivo, com a perspectiva de um contínuo melhoramento, reorientamento e profunda compreensão do que acontece aos alunos e entre os alunos. Alguns exemplos de pergunta são:

- O clima da turma é bom?
- O que cada criança está fazendo?
- Como as crianças administram as pausas?
- Como as crianças administram o momento da roda?
- Há crianças ou grupos de crianças que precisam de uma intervenção minha?
- De que forma as crianças precisam de mim (escutar, dar uma pequena contribuição, fazer uma pergunta desestabilizante, ajudá-los a estruturar o seu trabalho, ajudá-los a refletir sobre suas relações com os outros etc.)? Em que ocasião eu posso oferecer isso a eles?

Na tradição pedagógica italiana, essa configuração relembra muito a da avaliação formativa e somativa, que recolhe informações e dados em vista de uma reorientação das ações didáticas. Peschel propõe um planejamento que seja flexível e situado na vida cotidiana. O objetivo dessa forma de planejamento é o contínuo cuidado com o clima e com o ambiente para que a construção de percursos de aprendizagem autodeterminantes se torne possível.

Esse tipo de planejamento pode ser desenvolvido pelo professor de uma turma em que os alunos já administram de forma eficaz as suas liberdades de escolha. A aproximação gradual à abertura didática que defendo neste capítulo, porém, requer um planejamento certamente mais articulado. É necessário pensar em um percurso a longo prazo que permita acompanhar as crianças na direção do desenvolvimento das competências que são importantes para uma boa gestão da liberdade de escolha, aumentando simultaneamente o grau de abertura da dinâmica didática oferecida a eles.

Trata-se, por um lado, de saber planejar uma estrutura didática que garanta liberdade de escolha na medida em que as crianças conseguem administrá-la e que possam aumentá-la gradualmente. Por outro lado, é necessário definir percursos bem desenhados que permitam às crianças aprender com clareza as competências metacognitivas, instrumentais, sociais e afetivas necessárias para a eficaz gestão da própria liberdade em relação à aprendizagem. É um planejamento de longo prazo que pode perpassar vários anos escolares.

Em relação ao crescimento gradual do grau de abertura da didática escolar, podemos reproduzir aqui um útil esquema proposto por Peschel (2006a, p. 90), que define três níveis de abertura:

- *Nível 1:* Promove-se a abertura organizativa: a criança começa a fazer escolhas quanto a quando, onde e com quem desenvolver as atividades que, nessa fase, ainda são preparadas pelo professor. A individualização e a personalização dos conteúdos e das metodologias são em grande parte administradas pelo professor; as crianças começam a fazer escolhas pessoais em relação ao tempo em que trabalham em uma atividade e as preferências de lugares e de colegas de aprendizagem.

- *Nível 2:* À abertura organizativa se soma a abertura metodológica; primeiro com uma amplitude menor, que aos poucos vai se ampliando, o professor *define* os objetivos e as competências a serem alcançados, enquanto as crianças *planejam* o próprio percurso para desenvolvê-los e alcançá-los. Nesse ponto, o processo de individualização é compartilhado entre alunos e professores, mas as metas a serem atingidas são ainda completamente administradas pelo professor.

- *Nível 3:* Agora, além das liberdades adquiridas nos dois níveis anteriores, os alunos passam a poder também escolher alguns aspectos no que diz respeito aos objetivos e às competências a serem alcançadas, evidentemente dentro da amplitude maior exigida pelas diretrizes nacionais (ou dos objetivos personalizados no caso dos alunos com necessidades educativas especiais). Os alunos comunicam os próprios interesses e os professores compartilham com eles o que pedem as diretrizes, para assim chegarem a um planejamento compartilhado de objetivos e habilidades para alcançar.

Ao tentarmos imaginar as atividades planejadas pelo professor nos três níveis, é possível notar como as suas ações se movem gradualmente, usando uma metáfora, da casa à escola: se em um primeiro nível nós vemos um professor que prepara, planeja e monta materiais e atividades para depois propô-los aos alunos, no terceiro nível vemos, ao invés, um professor que planeja um contexto dentro do qual é possível projetar uma escola junto com os estudantes.

Em relação ao acompanhamento das crianças através de um gradual e explícito desenvolvimento das competências necessárias para a administração da liberdade de escolha, podemos mencionar ao menos três tipos de percurso, a meu ver, bem estruturados neste sentido.

A primeira proposta útil é aquela cultivada na Itália com particular cuidado pelo Grupo MT, da Universidade de Pádua, coordenado por Cesare Cornoldi. Esse grupo propõe uma abordagem metacognitiva à aprendizagem, não tão baseada em uma série de regras de estudo, mas no desenvolvimento de uma atitude de reflexão e planejamento que leve em consideração as características individuais de cada aluno. Especificamente, o percurso prevê quatro áreas de trabalho: as estratégias de aprendizagem, com uma atenção especial à motivação e à organização do trabalho; os estilos cognitivos, área que prevê um aprofundamento dos diversos estilos cognitivos e uma reflexão sobre as próprias aptidões; a metacognição e o estudo; e, por fim, uma última parte sobre a atitude em relação à escola (Cornoldi et al., 2001).

A segunda proposta interessante vem dos países de língua alemã e propõe um treinamento metodológico das diversas competências instrumentais, como organizar o próprio local de trabalho, organizar uma página de caderno, memorizar, tirar as informações principais de um texto, escutar, explicar com clareza um argumento etc. Trata-se de uma proposta que, somada ao grupo de habilidades instrumentais necessárias para a prática de uma didática aberta, produz um conjunto de atividades úteis ao seu desenvolvimento.

Diferentemente da proposta metacognitiva do Grupo MT que acabamos de ilustrar, esse treinamento metodológico se apresenta mais como um conjunto de regras a serem seguidas que, com frequência, apenas em parte leva em consideração as diferenças individuais. Com certeza esse é um elemento a ser considerado ao fazer uma escolha entre as tantas ideias de didática aberta existentes (Klippert & Müller, 2003).

A terceira proposta é a de Kagan e sua *structured natural approach* [abordagem natural estruturada] às habilidades sociais necessárias para uma boa aprendizagem cooperativa. Trata-se, a meu ver, de uma abordagem que pode ser útil também para desenvolver habilidades sociais dentro de um plano gradual de abertura didática. A proposta de Kagan se baseia na ideia de que as habilidades sociais precisam ser explicitamente ensinadas e exercitadas. Por exemplo: para regular a comunicação, Kagan propõe uma série de dinâmicas que ajudam a distribuir uniformemente a comunicação entre os membros de um grupo, como na seguinte instrução do professor: "Se quiser falar, você deve colocar a sua caneta no meio da mesa. Você poderá falar de novo apenas depois de todos terem colocado a própria caneta no meio da mesa" (Kagan, 2000).

Uma outra modalidade proposta é a construção de "papéis t" compartilhados: os "papéis t" são instrumentos que propõem marcar no eixo horizontal do "t" uma competência e, nos dois espaços que se criam à direita e à esquerda do eixo vertical, os comportamentos verbais e não verbais ligados a essa competência.

Eles são pensados para ser elaborados pelos alunos de uma turma junto com seus professores, ajudando a descrever corretamente competências sociais e a ter comportamentos concretos e precisos sobre os quais trabalhar. Os métodos e as estruturas elaboradas por Kagan são muitíssimos e muito diversificados; porém, eles têm em comum a convicção na necessidade de haver um percurso claro sobre o desenvolvimento das habilidades necessárias para trabalhar em grupo de maneira eficaz.

Nenhuma das propostas (com exceção, em parte, daquela de Klippert) foi pensada para o desenvolvimento de competências que seriam depois aplicadas em um contexto didático caracterizado por uma crescente liberdade de escolha. Parece-me, porém, que cada uma delas pode trazer benefícios ao serem adotadas em uma dinâmica que dá ao aluno sempre mais autonomia e na qual pode, portanto, experimentar a transferência das competências aprendidas ao longo de um percurso estruturado em um contexto mais complexo como o de uma didática aberta.

3.4 A avaliação na didática aberta

A dificuldade de refletir sobre o tema da avaliação dos aprendizados na didática aberta está em como identificar um modo de avaliar que seja coerente com a forte autodeterminação à qual tende essa abordagem. É necessário ter atenção à possibilidade de que a avaliação veicule, na contramão de tudo o que defendemos até aqui, o desenvolvimento de uma motivação extrínseca e orientada para a obtenção de uma nota, com uma implícita desvalorização do trabalho da criança, cujo valor seria, de todo modo, avaliado pelo professor (Peschel, 2006a).

Ao pensarmos então na didática aberta como uma abordagem capaz de considerar as diferenças entre os alunos de uma turma, é preciso levar em conta o clássico dilema da avaliação na didática inclusiva: como conciliar, de um lado, a necessidade de medir objetivamente os aprendizados e, do outro, o direito de cada um a uma avaliação individualizada?

Uma possível resposta a esse dilema é dada por uma *avaliação autêntica*, que prevê a triangulação de três pontos de vista (Pellerey, 2004):

1. o olhar subjetivo do aluno sobre o seu trabalho, que ele autoavalia;
2. o olhar subjetivo, mas externo, do professor (e eventualmente também dos pais e dos colegas de classe), que avalia, por sua vez, a partir do próprio ponto de vista;

3. um olhar sobre o desempenho – que deve ser o mais objetivo possível –, que avalie a qualidade das atividades através de uma série de critérios fixos.

Essa forma de avaliação é proposta para tarefas que devem ser também autênticas, problemas complexos com várias soluções possíveis e que, justamente por isso, assemelham-se a situações encontradas em contextos de trabalho e de vida. Esse tipo de atividade coloca o aluno em uma situação desafiadora, que então o incita a ativar conhecimentos e habilidades desenvolvidos antes (Ellerani, 2013).

Um exemplo de tarefa autêntica é o pedido a alunos do quinto ano de ocuparem-se do acolhimento aos pais dos futuros alunos do primeiro ano: a eles é atribuído o dever de preparar os materiais informativos sobre a escola e acompanhar os pais na sua visita à instituição. Como podemos ver, o intuito é formular tarefas que se prestem bem a ser integradas em atividades de didática aberta; as instruções são dadas pelo professor, mas elas são passadas de modo a deixar espaço para que sejam interpretadas em modos diferentes, com base nas escolhas dos alunos.

A roda oferece um ótimo momento para aguçar o pensamento das crianças e da turma sobre a questão da avaliação. Nela, por exemplo, podem ser compartilhados os critérios de avaliação que serão utilizados para entender o valor dos produtos criados pelas crianças, considerando que lhes foi dada uma tarefa autêntica. É também na roda que as crianças apresentam o próprio produto, expressam sua autoavaliação sobre isso e pedem o parecer dos outros (colegas e professores).

Na ideia da utilização das aberturas didáticas em uma perspectiva inclusiva, a avaliação autêntica se revela ser um bom instrumento de avaliação por ao menos dois motivos:

1. prevê também formas de autoavaliação que se mostram absolutamente coerentes com percursos de metacognição;

2. permite avaliar os alunos em competências complexas, possíveis de serem alcançadas através de meios e jeitos diferentes por cada aluno, de modo que é possível levar em consideração as diferenças individuais de cada um.

Enfim, o elemento da objetividade que a avaliação autêntica propõe como um dos três pontos de vista da avaliação e que pode, em um primeiro momento, parecer em contradição com o princípio de uma avaliação individualizada, é, a meu ver, absolutamente relevante na reflexão inclusiva. Sob a ótica da equidade, é certamente importante pensar em uma escola que permita a cada um percorrer o percurso formativo mais adequado ao próprio modo de aprender, mas, ao mesmo tempo, essa deve ser uma escola que garanta resultados.

Acredito que, nesse sentido, poderia ser útil testar regularmente os alunos que trabalham em ambientes caracterizados por um alto grau de abertura didática em exames de verificação prefixados e baseados nas competências exigidas pelas diretrizes curriculares nacionais.

Essas intervenções dão acesso a um contínuo monitoramento do nível em que se encontram os alunos, não para premiá-los ou puni-los com uma nota boa ou ruim, mas para garantir a todos o alcance de algumas competências de base que são irrenunciáveis.

3.5 Como começar

Definitivamente, as duas metodologias mais simples para começar a experimentar as aberturas didáticas são o trabalho por estações e a organização das atividades em um plano de trabalho semanal. Eu me concentrarei aqui na metodologia vinculada ao plano de trabalho semanal, pois ela exemplifica bem um percurso de gradual crescimento da abertura didática.

O plano de trabalho semanal pode, de início, conter indicações e atividades para apenas algumas poucas horas dentro de uma semana (com a ideia de que, com o tempo, esse período dedicado ao plano aumente). Um bom ponto de partida pode ser dedicar-se ao trabalho com o plano semanal por quatro horas, melhor ainda se divididos em blocos de duas horas. Pode-se escolher atividades que sejam só de uma matéria ou – e esta é a solução mais interessante para as crianças, pois abre a elas maiores possibilidades de escolha – de várias.

Uma turma que embarcasse nessa proposta poderia ter a semana organizada da seguinte forma: no início da primeira semana em que se trabalha com essa modalidade, o professor entrega a cada aluno um plano semanal individualizado. Ele deixa claro para as crianças que as atividades listadas ali deverão ser concluídas até o fim da última hora do último dia que será dedicado àquele plano. Se os alunos se dedicam ao plano, por exemplo, por duas horas em duas tardes, fica combinado que as atividades do plano de trabalho devem ser concluídas até o fim da segunda tarde. Quando se introduz esse modo de trabalhar, é importante fazer acordos desde o início também sobre algumas rotinas organizativas. As fundamentais são: como se usa o plano de trabalho semanal (onde deve ser colocado, como marcar uma atividade que já foi feita)? Podem-se suspender atividades iniciadas ou não? Onde se colocam as folhas de atividade ou os produtos das atividades finalizadas?

Nas primeiras semanas, especialmente se as crianças são do primeiro ou do segundo ano, pode-se propor um plano semanal em que as atividades são completamente definidas pelo professor. De semana em semana a possibilidade de fazer novos tipos de escolha aumenta, começando sempre pela abertura de tipo organizativo. Na primeira semana, por exemplo, se poderia dar a eles a possibilidade de escolher em que ordem fazer as atividades e decidir quais, eventualmente, fazer como dever de casa. A escolha se limitaria, em um primeiro momento, apenas a *quando*. A partir da segunda semana, se poderia introduzir a escolha ligada ao local em que se desenvolve cada atividade: as crianças são livres para decidir em que lugar (da sala ou, se possível, de outros espaços ao redor, como o corredor ou o pátio) desenvolver as atividades que o professor endereçou a elas.

É importante que, a cada vez que se produza uma nova possibilidade de escolha, planeje-se também um momento de reflexão sobre *como* cada criança fez a sua escolha. Desde o momento em que as crianças têm a liberdade de escolher o *onde*, pode ser interessante, por exemplo, começar a propor a elas reflexões ou pequenos instrumentos de autoavaliação sobre estilos de aprendizagem. A terceira liberdade de escolha a se introduzir poderia ser ligada à individualização dos parceiros de aprendizagem. Quando se introduz a escolha do *com quem*, é muito importante começar a trabalhar imediatamente nas competências sociais necessárias para que se possam iniciar colaborações eficazes.

Apenas quando se vê que os alunos se movimentam com um grau razoável de qualidade entre as várias liberdades de escolha ligadas à abertura de tipo organizativo terão início outros níveis de abertura. Isso pode acontecer de diferentes modos: modificando o tipo de instrução, deixando-as mais em aberto, por exemplo, de modo que haja para as crianças a possibilidade de definir livremente algumas etapas e inserindo no plano de trabalho atividades entre as quais escolher, ou até mesmo temas, para que seja a criança a definir a atividade que desenvolverá (Quadro 3.3).

Quadro 3.3 – Exemplos de instruções mais amplas para um plano de trabalho semanal

Exemplo de instrução ampla
– Escreva um problema matemático a ser resolvido e coloque-o no cesto que há sobre a mesa. Pegue dois problemas escritos pelos seus colegas e resolva-os no seu caderno.
Exemplo de instrução com várias atividades entre as quais escolher – Você deve aprender como se chamam as flores que recolhemos no passeio da última semana. Em seguida: 1) faça um pequeno livro com folhas de papel branco, desenhe as flores e escreva ao lado seus nomes (você encontra essas informações no livro sobre flores que coloquei na biblioteca da nossa turma); 2) procure o nome das flores no livro que coloquei na biblioteca da turma e depois, para cada flor, escreva uma pequena descrição da altura, da cor e da forma da flor e das folhas no caderno.

Exemplo de instrução ampla e com várias atividades entre as quais escolher
– Veja os erros que cometeu no ditado da última sexta. Com a lista das palavras que errou, faça uma das opções:
1) um ditado com um colega (ele dita, você escreve); ou
2) um ditado com corrida (fixe a lista de palavras no corredor, vá ver a primeira palavra e depois retorne à sala para escrevê-la no caderno; faça assim com todas as palavras).

É importante que cada criança tenha um plano semanal que a permita trabalhar em autonomia e dentro do tempo previsto. A carga de trabalho é então feita "sob medida" para cada criança. Na prática, geralmente o professor identifica na sala alguns grupos de alunos para os quais pode oferecer um plano de trabalho semanal parecido e elabora de quatro a cinco planos de trabalho diferentes. Há casos específicos, como quando há um aluno com deficiência, para quem, ao invés, será necessário fazer um plano totalmente individualizado.

Mesmo trabalhando em disciplinas e, muitas vezes, com competências comuns a todos os alunos da turma, os planos de trabalho podem conter tarefas que se diferenciam fundamentalmente em três planos:

1. nível de complexidade da competência ou da temática;
2. estilo de aprendizagem;
3. grau de gestão da autonomia e da liberdade de escolha.

Com base nesses aspectos, o professor poderá planejar as melhores atividades a serem inseridas no plano semanal de cada aluno. Naturalmente, quanto mais amplas são as instruções dadas, menos o professor precisará diferenciar os planos de trabalho, já que os alunos poderão administrar as tarefas de modo a "adaptá-las" a si mesmos e aos próprios níveis e modalidades de aprendizagem.

3.6 Exemplos

A seguir, nas folhas de exercícios 3.1 e 3.2, eu apresento dois exemplos de plano de trabalho semanal. Elas foram pensadas para uma turma de quarto ano habituada a trabalhar com diversas aberturas didáticas desde o primeiro ano e na qual há um aluno com deficiência intelectual que tem dificuldade para trabalhar autonomamente; uma folha representa o plano de trabalho do aluno com deficiência (Mike) e a outra a de um colega (Mattia).

Os dois planos desenvolvem as seguintes matérias: matemática, ciências e artes. Nessa turma, as crianças trabalham com a didática aberta seis horas por semana.

É possível notar imediatamente que o plano de trabalho de Mike prevê atividades organizadas em turnos e para as quais é quase sempre acompanhado de um colega. O seu plano, além disso, prevê um grau muito menor de liberdade de escolha, o que torna a estrutura geral do plano diferente da do colega. Na coluna das atividades, há uma parte da explicação impressa em letras maiúsculas para que Mike leia e, depois, uma parte impressa em letras minúsculas que dá instruções para o colega que o ajuda. Também o nível das instruções é adaptado aos seus objetivos personalizados.

Folha de exercícios 3.1 – Plano de trabalho semanal de Mattia

Matéria	Atividade	Feito?	Como foi?
MATEMÁTICA 1 2 4 5	Invente dez multiplicações por dois algarismos e resolva-as no caderno de matemática.		☐ Trabalhei bem ☐ Não consegui trabalhar bem
	Resolva os problemas da p. 46 do livro (exercícios a, b, c, d, e).		☐ Trabalhei bem ☐ Não consegui trabalhar bem
	Uma professora é casada e tem dois filhos. Quanto você acha que ela gasta para fazer comida para toda a família durante uma semana? Na cestinha que está em cima da mesa você encontra as notinhas das compras da semana passada, mas sem o valor total. Confira quanto ela gastou e se a sua estimativa se aproximou do resultado.		☐ Trabalhei bem ☐ Não consegui trabalhar bem

CIÊNCIAS 	Quinta, às 15h30, venha até a minha mesa. Faremos um experimento junto com outros colegas.		☐ Trabalhei bem ☐ Não consegui trabalhar bem
	Descreva, no caderno, as etapas do experimento com um colega que o tenha assistido junto com você. Decidam se vão escrever ou desenhar.		☐ Trabalhei bem ☐ Não consegui trabalhar bem
	Já aconteceu com você algo parecido com o que vimos no experimento? Se sim, escreva sobre isso no caderno. Na sexta, leremos as histórias da turma.		☐ Trabalhei bem ☐ Não consegui trabalhar bem
ARTES 	No computador você encontra um PowerPoint com várias imagens de Joan Miró. Veja-as sozinho ou com alguém. Depois, assista ao vídeo do CD que está ao lado do computador. Sozinho ou com um colega, faça um pôster que represente a vida e o trabalho de Joan Miró.		☐ Trabalhei bem ☐ Não consegui trabalhar bem
UM POR TODOS E TODOS POR UM 	Na terça-feira, ajude Mike das 14h às 15h. No plano de trabalho dele está explicado o que fazer. Lembre-se de ajudá-lo também a preencher o plano semanal.		☐ Trabalhei bem ☐ Não consegui trabalhar bem
	Você poderia resolver os problemas de matemática com Ornella? Ela precisa de ajuda.		☐ Trabalhei bem ☐ Não consegui trabalhar bem
	Sei que você não gosta muito de desenhar. Lorena poderia te ajudar a fazer o pôster sobre Miró, se você quiser.		☐ Trabalhei bem ☐ Não consegui trabalhar bem

Folha de exercícios 3.2 – Plano de trabalho semanal de Mike

Quando	Com quem?	Matéria	Atividade	Feito?	Como foi?
SEGUNDA-FEIRA (8h-9h)	ORNELLA	1 2 4 5	CRIE DEZ ADIÇÕES. ESCREVA-AS NO CADERNO VERDE. CALCULE. Ornella, confira se há dez adições. Lembre-se de escrever a data e o título no caderno.		☐ ☺ ☐ ☹
TERÇA-FEIRA (14h-15h)	MATTIA	1 2 4 5	A PROFESSORA VAI FREQUENTEMENTE AO MERCADO. NO CESTO QUE ESTÁ NA MESA, VOCÊ ENCONTRA AS NOTINHAS DA SEMANA. CONTE QUANTAS SÃO. DESENHE-AS NO CADERNO VERDE E ESCREVA O NÚMERO AO LADO. Mattia, lembre-se de escrever a data e o título no caderno.		☐ ☺ ☐ ☹
QUARTA-FEIRA (15h-16h)	PROFESSORA		VAMOS FAZER UM EXPERIMENTO JUNTOS.		☐ ☺ ☐ ☹

QUINTA-FEIRA (14h-15h)	JANETTE		PEGUE AS FOTOS DO EXPERIMENTO. COLOQUE-AS NA ORDEM CORRETA. COLE AS FOTOS NO CADERNO AZUL. Janette, pegue as fotos com a professora. Lembre-se de escrever a data e o título no caderno.		
QUINTA-FEIRA (15h-16h)	COM QUEM VOCÊ QUISER		VÁ ATÉ O COMPUTADOR. VEJA O POWERPOINT E ASSISTA AO VÍDEO. DEPOIS, FAÇA UM PÔSTER BASEADO NOS DESENHOS DO VÍDEO. Vejam o PowerPoint com os quadros de Joan Miró. Depois, assistam ao vídeo do CD que está ao lado do computador. Juntos, façam um pôster que represente a vida e o trabalho de Joan Miró.		☐ ☺ ☐ ☹
SEXTA-FEIRA (11h-12h)	UM POR TODOS E TODOS POR UM		FAÇA UM DESENHO COMO O DE ONTEM PARA O PÔSTER DO SEU COLEGA SOHIL.		☐ ☺ ☐ ☹

Referências

Bohl, T., & Kucharz, D. (2010). *Offener Unterricht heute: konzeptionelle und didaktische Weiterentwicklung.* Beltz.

Cornoldi, C., De Beni, R., & Grupo MT (2001). *Imparare a imparare.* Erickson.

Ellerani, P. (2013). Strumenti per promuovere e valutare le competenze. In P. Ellerani, & M. R. Zanchin, *Valutare per apprendere* (pp. 151-191). Erickson.

Jürgens, E. (2009). *Die "neue" refompädagogik und bewegung offener unterricht: theorie, praxis und forschungslage.* Academia Verlag.

Kagan, S. (2000). *L'apprendimento cooperativo: l'approccio strutturale.* Lavoro.

Klippert, H. (2004). *Methoden-training: übungsbausteine für den unterricht.* Beltz.

Klippert, H., & Müller, F. (2003). *Methodenlernen in der grundschule.* Beltz.

Pellerey, M. (2004). *Le competenze individuali e il portfolio.* La Nuova Italia.

Peschel, F. (2006a). *Offener unterricht: idee, realität perspektive und ein praxiserprobtes konzept zur diskussion. Teil I, Baltmannsweiler.* Schneider Verlag Hohengehren.

Peschel, F. (2006b). *Offener unterricht: idee, realität, perspektive und ein praxiserprobtes konzept zur diskussion. Teil II, Baltmannsweiler.* Schneider Verlag Hohengehren.

Reich, K. (2007). *Methodenpool.* Recuperado em 10 de dezembro de 2025, http://methodenpool.uni-koeln.de

Zehnpfennig, H., & Zehnpfennig, H. (1992). Was ist "offener unterricht". In Schulanfang, S., *Landesinstitut für schule und weiterbildung* (pp. 46-60). Landesinstitutfür Schule und Weiterbildung.

Uso da tecnologia na gestão da heterogeneidade nas salas de aula

Robótica educativa: as abelhas Bee-Bot

http://www.bee-bot.us/

Uma abordagem como a didática aberta, em que o aluno é absoluto protagonista dos próprios processos de aprendizagem e estuda com uma motivação interna e pela vontade de descobrir e aprofundar seus conhecimentos, casa-se perfeitamente com a experimentação da robótica em sala de aula.

Quando pensamos em robôs, é comum imaginarmos mecanismos complexos e humanoides, mas, na verdade, existem e foram experimentados na didática (em nível nacional e internacional) robôs muito simples, adaptados para crianças e adolescentes e que, no aspecto, parecem-se muito com brinquedos tradicionais.

Em particular, as "abelhas" Bee-Bot são utilizadas há alguns anos nas escolas italianas e são facilmente encontradas no mercado. Além disso, a eficácia desses instrumentos didáticos (e lúdicos) está documentada tanto na *web* quanto em contextos científicos.

As "abelhas" Bee-Bot são pequenos robôs de plástico que lembram a forma de uma abelha. No dorso de cada uma delas, há quatro teclas de direção (representadas por setas), uma tecla de início, uma de pausa e uma de *reset*, que restaura as configurações iniciais. Entender o funcionamento desse robô é mais fácil partindo de um exemplo: se a abelha tem que chegar a um objetivo fazendo um percurso primeiro reto e depois com uma dobra à esquerda, a criança deve clicar no robô primeiro com a seta "reto", depois com a seta "esquerda" e sucessivamente com a tecla "iniciar". Apenas quando a tecla "iniciar" for ativada o robô irá se mexer. Trata-se, então, de um robô muito simples no uso, mas muito complexo do ponto de vista cognitivo e visuoespacial para a idade recomendada.

Sua utilização prevê que as crianças sejam capazes de fazer hipóteses sobre o movimento das abelhas, exercitando assim a própria lógica visuoespacial. Como se pode ver a partir de uma rápida pesquisa por vídeos de experiências com o uso das Bee-Bots na internet, elas podem ser usadas pelas crianças com muita fantasia e autonomia, dando vida a narrações fantásticas ou a jogos matemáticos e tendo como opção de fundo para os movimentos, em vez do chão, cartazes temáticos, que podem ser construídos pelas crianças ou pelos professores.

Existem também robôs mais complexos, que devem ser escolhidos de acordo com a idade dos alunos. Há diversas opções que respondem aos critérios da didática aberta – que preza pela descoberta e pela solução de problemas reais.

Os robôs Lego Mindstorms NXT® têm sido muito usados na Itália e nos Estados Unidos nos últimos anos do ensino fundamental I e II, em parte por serem altamente programáveis e personalizáveis por parte dos estudantes.

Programação: Scratch

http://scratch.mit.edu/

Ao falarmos em competências complexas aprendidas pelo aluno e no uso eficaz das tecnologias de suporte a um papel ativo, significativo e motivado do aluno, é impossível não citar o uso didático de Scratch.

Scratch é uma linguagem de programação simples, criada por um grupo de pesquisa chamado Lifelong Kindergarden, do MIT Media Lab. Ela se baseia na tradição didática e pedagógica do construtivismo de Seymour Papert, mas, muito mais do que isso, é uma linguagem extremamente divertida e flexível, perfeita para crianças e adolescentes (e professores) que querem se lançar na programação e no planejamento de artefatos digitais. Scratch é completamente gratuito e já existem milhões de projetos realizados com essa linguagem nas escolas de todo mundo, inclusive na Itália. O uso de Scratch nas escolas permite ao aluno programar jogos simples, breves sequências animadas, pequenas atividades interativas ou histórias narradas, utilizando todos os códigos da multimidialidade e da interatividade. É uma linguagem de programação e, portanto, pode ser utilizada em um nível básico, mas sendo também capaz de dar vida a artefatos complexos. A programação, extremamente simples, baseia-se no sequenciamento de blocos lógicos (*script*) de diversas tipologias, usando um *software* que pode ser baixado ou um *editor*, hoje disponível também no *site* http://scratch.mit.edu/projects/editor. A interface é especificamente estudada para crianças, sem, todavia, banalizar o compromisso e o empenho que são requeridos na fase de programação. Com certeza Scratch é um dos exemplos mais eficazes e de alcance em escala mundial de como podemos usar a tecnologia para estimular a fantasia, a criatividade e a lógica das crianças, de acordo com as aptidões e potencialidades de cada um. É um importante instrumento didático que deveria fazer parte dos materiais colocados à disposição dos alunos, em uma perspectiva de didática aberta e de ensino baseado em competências.

Pesquisa segura na internet: Ricerche Maestre
http://www.ricerchemaestre.it/
Deixar os alunos pesquisarem na rede de forma autônoma em sala de aula é uma competência-chave que os alunos de todos os anos devem desenvolver e consolidar no curso da sua trajetória escolar. É, porém, também uma atividade arriscada, já que conteúdos inapropriados podem apresentar-se aos alunos mesmo partindo de pesquisas consideradas seguras e ainda que todas as proteções e os filtros de busca previstos pelo gestor da rede de internet da escola estejam ativos. Por esse motivo, frequentemente os professores desistem de deixar os alunos fazerem pesquisa na rede de forma autônoma, para não os expor (e não se expor) a riscos. A boa notícia é que está disponível uma válida alternativa, nascida da experiência didática e profissional de um grupo de professores do Primo Circolo Didattico di Rivoli, em Turim (IT). O motor de pesquisa Ricerche Maestre é, de fato, bastante seguro, pensado especificamente para a pesquisa autônoma de crianças e adolescentes e para uma navegação segura na *web*, tanto no ensino fundamental I quanto no ensino fundamental II. Está descrito na página de apresentação: "Ricerche Maestre é um motor de pesquisa para crianças, pais e professores que seleciona *sites* escolhidos por professores do ensino fundamental. Podem-se encontrar recursos didáticos para a pré-escola e pode-se navegar dentro de *sites* adaptados para crianças dos 3 aos 14 anos que estejam em busca de conteúdos educativos ou de lazer". Esse mecanismo de busca funciona em cerca de 3 mil *sites* (ou seja, uma porção pequena dentro do panorama mundial), o que se mostra absolutamente suficiente para a pesquisa didática dos alunos. Cada *site* presente na plataforma foi verificado e avaliado pelos professores, garantindo assim a máxima segurança dos conteúdos. O *site* é mantido pelo professor Alberto Piccini, com a colaboração dos professores Paola Limone, Lidia Pantaleo, Annalisa Ruberto e Renato Murelli. É um instrumento utilíssimo para a didática aberta, pois permite uma navegação autônoma e estimula a curiosidade pela pesquisa na internet, sem deixar espaço ao risco dos conteúdos inapropriados.

Pesquisa segura na internet: Mecanismo de Pesquisa Programável (Google)
https://www.google.com/cse/?hl=it
Nem todos sabem que, para os donos de uma conta Google (e, logo, de um endereço de correio eletrônico Gmail), está à disposição um utilíssimo serviço de criação de motores de pesquisa personalizados, extremamente intuitivo e fácil de usar. Os motores de pesquisa personalizados do Google, no contexto escolar, permitem aos professores, com a colaboração eventual dos alunos mais velhos, criar motores de pesquisa que buscam informações apenas em uma lista de *sites* indicados no momento da criação do motor. A pesquisa, então, não se desenvolve no panorama inteiro da internet, mas apenas em uma seleção de *sites* seguros, geralmente sugeridos pelo professor (do mesmo modo que o motor Ricerche Maestre, citado antes). Cada professor (ou cada escola) pode progressivamente construir o próprio motor de busca, expandindo ao infinito a lista de *sites* considerados seguros. O uso desse instrumento tem, além disso, um valor didático adicional, pois permite aprender a fazer pesquisa na internet partindo de uma seleção significativa de fontes, e não do imenso patrimônio de informações que é a rede mundial. É um pouco como se o professor selecionasse uma lista de livros-texto em que as crianças podem pesquisar e que podem levar para a aula, ou como se levasse as crianças para a Biblioteca do Congresso, em Washington, e ali as convidasse a pesquisar livremente (há de se considerar que muitos teriam grande dificuldade para orientar-se na pesquisa e encontrar fontes significativas no segundo caso). Os motores personalizados são ótimos recursos didáticos para aprender a fazer pesquisa na internet, partindo de fontes significativas e respeitando a liberdade de ação do estudante, sempre de acordo com a proposta da didática aberta.

4

A didática das inteligências múltiplas

Giuseppina Gentili

4.1 Princípios e bases da didática das inteligências múltiplas

O princípio básico da didática das inteligências múltiplas se funda na convicção de que cada pessoa, e portanto cada aluno, pode desenvolver as próprias habilidades cognitivas e competências através de uma multiplicidade de canais de aprendizagem. Cada indivíduo é caracterizado por uma ampla gama de habilidades que lhe permite não apenas acessar o conhecimento de múltiplas e variadas maneiras, como também, e sobretudo, elaborar, processar e organizar esse conhecimento de modo único e original.

O aluno, nessa perspectiva, com suas inteligências e sua combinação única de pontos de força e pontos de fraqueza, põe-se como o eixo de toda a ação educativa e didática. A experiência escolar assume então um papel fundamental: o de identificar, reconhecer, utilizar e valorizar as especificidades de cada um, promovendo assim percursos significativamente inclusivos. Surge a ideia de uma escola "diferente", uma escola que promove a mudança e o desenvolvimento e cujo objetivo primário não é "dar" a todos a mesma coisa, mas "dar" a cada um aquilo que ele/ela precisa.

Ter como referência essa ideia de escola promove um processo contínuo de aceitação daqueles que são diferentes de si e de melhoria das propostas didáticas, tornando-as cada vez mais eficazes e adequadas às necessidades educativas de cada disciplina. Entre as diferentes estratégias possíveis e em sinergia com elas, a didática das inteligências múltiplas se mostra um instrumento particularmente eficaz, porque, partindo da observação atenta, do reconhecimento e da valorização das diferenças, permite a superação dos obstáculos à aprendizagem e a participação ativa de todos os estudantes. Não é, portanto, uma questão de "abrir espaço" para as diferenças, mas sim de *reconhecê-las e reafirmá-las*, colocando-as no centro da ação educativa, de modo que cada um possa desenvolver plenamente e no melhor modo possível as próprias potencialidades.

4.1.1 Referências históricas

A teoria das inteligências múltiplas, idealizada e difundida por Howard Gardner, psicólogo e docente na Universidade de Harvard, foi apresentada e descrita pela primeira vez em 1983 no livro *Frames of mind* (Gardner, 1983). Suas ideias logo obtiveram apreciação e consenso significativos na área da educação, tendo sido objeto de numerosas tentativas de implementação por professores e educadores, além de continuar a serem seguidas até hoje em várias partes do mundo.

Na Itália, a proposta gardneriana, diferentemente do que ocorreu em outros países do leste europeu (Norel, 2011) – onde assumiu um papel fundamental na reorganização do sistema educativo nacional –, nunca teve referências explícitas em documentos oficiais, mas suas importantes contribuições didáticas, assim como a atenção a um "aluno singular e complexo nos seus aspectos cognitivo, afetivo, relacional, corporal, estético, ético, espiritual" (Ministero dell'Istruzione, dell'Università e della Ricerca, 2012), sutilmente permearam todas as reformas escolares que se seguiram à de 1985, influenciadas por suas atividades integrativas e de educação, e que permanecem até hoje.

No seu livro, Gardner contraria a ideia de uma inteligência superior, única e estática, propondo, em seu lugar, a concepção de inteligência modular: um conjunto de múltiplos e diversos fatores, agentes de uma realidade complexa e multidimensional em contínuo devir. O estudioso fala da inteligência como uma potencialidade biopsicológica, influenciada por fatores experenciais, culturais e motivacionais em contínua evolução; um elemento condicionado pela cultura da qual parte o indivíduo que a torna valiosa.

A inteligência está ligada, para Gardner, à capacidade de resolver problemas dentro de certo campo do saber e da experiência humana e à capacidade de criar/construir produtos relevantes em um ou mais contextos culturais. Inicialmente, ele identificou e definiu sete inteligências: linguística, musical, lógico-matemática, espacial, corporal-sinestésica, interpessoal e intrapessoal. Uma oitava inteligência, a naturalística, foi adicionada entre 1995 e 1997, e a nona, a inteligência existencial-espiritual, está, na atualidade, em fase de estudo. Para Gardner, as inteligências são universais, presentes potencialmente em cada indivíduo; todavia, se, como, e em que medida elas se desenvolvem tem ligação intrínseca com as experiências de vida do próprio indivíduo. A posse desse conjunto de habilidades determina o perfil intelectual de cada um de nós, resultado da combinação de pontos de força e pontos de fraqueza; não existem no mundo duas pessoas em que as inteligências tenham se desenvolvido e se combinado do mesmo modo, com os mesmos pontos de força e em mesma medida nos pontos de fraqueza; cada indivíduo tem um perfil intelectual pessoal, único e original.

4.1.2 De que modo esta metodologia contribui para a gestão da heterogeneidade?

Ter como referencial teórico a Teoria das Inteligências Múltiplas e, portanto, utilizar uma metodologia coerente com seus princípios fundamentais significa ter uma perspectiva múltipla e heterogênea para abordar e conhecer melhor os estudantes; significa conseguir olhá-los a partir de um novo lugar, através de lentes amplas e multifocais. Essa nova visão do aluno permite direcionar a atenção à heterogeneidade dos perfis e às diferenças nos processos de aprendizagem como alternativa às dificuldades e considerar as diversidades presentes um recurso, e não apenas problemas a serem resolvidos. Na base dessa metodologia estão três elementos-chave, implicações didáticas que permitem não apenas administrar a heterogeneidade das turmas, como também valorizá-las e potencializá-las globalmente. São elas: o pluralismo, a mobilização e a personalização (Gentili, 2011).

4.1.2.1 Pluralismo

Para pensarmos em uma pluralidade de inteligências, é necessário estar consciente de que existe, em paralelo, também uma pluralidade de modalidades de aprendizagem, canais de aquisição, elaboração e organização dos conhecimentos; é preciso considerar que nem todos aprendemos do mesmo modo. Como consequência, é particularmente importante planejar e materializar, na escola, unidades de aprendizagem multi e interdisciplinares, que levem em consideração as múltiplas inteligências dos estudantes e ativem, desse modo, percursos personalizados para cada um. Se as diferenças são ignoradas e não se ativam percursos coerentes com as inteligências de todos os alunos, corre-se o risco de excluir do contexto de aprendizagem todos aqueles que não conseguem aprender e demonstrar o seu conhecimento por meio das vias escolares canônicas (linguística e lógico-matemática).

4.1.2.2 Mobilização

A inteligências são potenciais em evolução, ou seja, podem ser treinadas e desenvolvidas. Essa ideia nos permite criar uma grande confiança nos seres humanos; no contexto escolar, isso significa que todos os alunos são capazes de aprender, que todos podem alcançar o sucesso e que cada um tem pontos fortes que podem ser descobertos e utilizados. Esses pontos fortes se contextualizam e se manifestam mais facilmente em locais ou ambientes de aprendizagem que dão aos estudantes a possibilidade de pôr em ação também os seus potenciais (ou inteligências) menos evidentes, possibilitando-os experimentar concretamente as próprias habilidades. É a isso que se propõem os "centros de aprendizagem", modalidade organizativa fundamental na didática das inteligências múltiplas, que será descrita mais adiante.

4.1.2.3 Personalização

Na didática que apresentarei aqui, a personalização consiste em dar a cada estudante a possibilidade de encontrar um canal de aprendizagem com o qual se identifica para que, assim, possa aprender de forma autêntica. Isso significa que cada proposta didático-educativa pode ser apresentada através de uma modalidade operativa correspondente; a ideia é ter uma organização da sala de aula que veja o aluno de fato como coprotagonista da própria aprendizagem, de modo a poder escolher, entre uma ampla gama de propostas, a mais adequada para si, desenvolvendo a confiança e experimentando a sensação de sucesso.

Levando em consideração a diversidade presente entre os alunos, a proposta de uma "dieta de aprendizagem equilibrada" (Tuffanelli & Ianes, 2011) para as atividades feitas em sala de aula pode oferecer a cada um a possibilidade de construir um sentido pessoal para a própria jornada de conhecimento.

Todos esses elementos e considerações podem ser encontrados na estrutura dos *entry points*[18], que permitem propor experiências que envolvem, contemporaneamente, "múltiplos pontos de acesso" para a aprendizagem: narrativo, numérico/quantitativo, lógico, existencial, estético, experimental/manipulativo ou social (Gardner, 1993).

---

18. Expressão tipicamente utilizada no contexto de programação de computadoo res e que indica os locais de onde parte a execução de um programa. Os *exit points*, por sua vez, indicam os "pontos de saída" [N.T.].

A estrutura complementar à anterior é a dos *exit points*: diferentes modalidades (produtos ou performances) por meio das quais os alunos podem demonstrar o seu aprendizado, sendo, portanto, úteis instrumentos de verificação.

No Quadro 4.1 fornecemos um exemplo de utilização dos *entry points* no ensino de matemática (reconhecer, nomear, descrever e construir figuras geométricas) (Gentili, 2011).

Quadro 4.1 – Exemplo de utilização dos *entry points*

Entry point	**Tópico: o triângulo**
Narrativo	Ler textos históricos, artigos de revistas e jornais ou sites para obter informações sobre fenômenos específicos (raios de luz, bússolas desreguladas, navios fantasma, tripulações perdidas, avarias inexplicáveis em motores e acidentes aéreos) que ao longo dos anos aconteceram em uma zona do oceano em forma de triângulo no Golfo do México, lugar conhecido como Triângulo das Bermudas.
Estético	Construir fractais que serão pendurados nas paredes da sala. Os fractais são formas geométricas em que cada pequena parte da estrutura é uma reprodução em miniatura do objeto inteiro. O fractal dessa atividade é o triângulo de Sierpinski, em que o ponto de partida é um triângulo equilátero.
Experimental--manipulativo	Construir triângulos (materiais sugeridos: canudos, barbante, palitos, argila, folhas de caderno, prendedores de papel) e observar que é possível construir diversos tipos de triângulo variando-se o tamanho dos lados e a amplitude dos ângulos, prestando particular atenção à rigidez das formas (os triângulos, ao contrário dos quadriláteros, não são articuláveis, garantindo assim a estabilidade da estrutura construída).
Experimental-científico	Construir um caleidoscópio (com bases triangulares) para investigar simetrias em imagens. Decompor um raio de luz utilizando um prisma de Newton com faces triangulares; esse instrumento é capaz de decompor a luz nas suas diversas cores constituintes.
Experimental-corporal--cinestésica	Toque com as mãos ou outra(s) parte(s) do corpo diferentes triângulos, identifique suas características e descreva suas considerações sobre a experiência.

Social	Aspecto sempre presente, já que cada atividade pressupõe um trabalho em grupo.
Quantitativo-numérico	Desenhar um triângulo equilátero com pontos e jogar números triangulares (são considerados triangulares os números que podem ser representados na forma de um triângulo). Os números triangulares se constroem começando do 1 e adicionando-se, um por vez, os números seguintes: 2, 3, 4, 5 etc. O primeiro número triangular, por convenção, é o 1, o segundo é 3 (1+2), o terceiro é 6 (1+2+3) e assim por diante.

Para verificar a compreensão do assunto e a aquisição das competências trabalhadas, é possível usar o conceito dos *exit points* e propor aos estudantes as atividades do Quadro 4.2.

Quadro 4.2 – Exemplo de utilização dos *exit points*

***Exit points*: perspectivas disciplinares**	**Projeto: o triângulo**
Escritor	Utilizando as informações obtidas na atividade anterior, pense em possíveis e plausíveis explicações para os fenômenos observados. Escreva um texto explicando e defendendo suas hipóteses e um artigo jornalístico para enviar a uma revista especializada. Imagine estar no Triângulo das Bermudas e assistir de perto a um dos misteriosos fenômenos citados. Escreva o que viu no seu diário de bordo.
Artista, ilustrador	Represente, com imaginação e em formato de quadrinhos, as hipóteses elaboradas na atividade anterior; o resultado deve ser uma história em quadrinhos que ilustre as soluções propostas.
Cartógrafo	Identifique e desenhe sob um mapa-múndi a zona triangular do oceano afetada por esses fenômenos; os três vértices são formados pela ponta meridional da Flórida, pela Ilha das Bermudas (da qual deriva o nome) e pela Ilha de Porto Rico. Trace os percursos efetuados pelas primeiras embarcações, cujas tripulações misteriosamente desapareceram (a *Rosalie*, em 1840, e a *Mary Celeste*, em 1872), até chegar nos últimos casos, ocorridos em 1999 e em 2000, quando desapareceram dois aviões.

Exit points: perspectivas disciplinares	Projeto: o triângulo
Musicista	Crie um motivo musical para acompanhar e intensificar a leitura do texto que contém as hipóteses do grupo de escritores.
Arquiteto, construtor	Planeje e construa as pirâmides de Gizé (com base quadrada), utilizando palitos e massinha, e disponha-as em ordem decrescente: a maior (Quéops), a intermediária (Quéfren) e a menor (Miquerinos), respeitando a proporção dos elementos que as compõem. Planeje e faça (com vários materiais) construções arquitetônicas de estruturas rígidas (pontes, edifícios, torres etc.) utilizando as considerações feitas nas atividades iniciais sobre estabilidade da forma triangular, usada como forma básica de estruturas inteiras (Torre Eiffel, pontes ferroviárias etc).
Matemático	Planeje e faça, para os seus colegas, diversos jogos numéricos utilizando como base o triângulo de Pascal.

Os conceitos de *entry/ exit points* podem ser facilmente inseridos e aplicados em todos os anos escolares e para responder a diversas necessidades de aprendizagem, além de poderem ser utilizados em vários modos diferentes. Pode-se optar por experimentar apenas alguns *entry points* ao começar um assunto novo ou envolver vários deles na mesma atividade – nem sempre, de fato, é possível usar todos ao mesmo tempo. A atenção deverá ser voltada principalmente a garantir, no tempo disponível dentro de um período letivo, experiências de aprendizagem diversificadas que, mesmo em momentos diferentes, abranjam todos os *entry/ exit points.*

4.2 A organização da didática das inteligências múltiplas

4.2.1 Qual é o papel do aluno?

Entre os elementos fundadores e valiosos dessa proposta metodológica, são destaque a atenção voltada a cada aluno individualmente e o cuidado com cada sujeito, com o intuito de reconhecer e valorizar a singularidade de todos. A didática das inteligências múltiplas coloca os estudantes no centro do processo de reflexão, fornecendo instrumentos e oportunidades para uma *auto*rreflexão e para a compreensão da própria e única coleção de forças e preferências. Com frequência, os estudantes, tendo vivido experiências de insucesso escolar, têm uma percepção negativa de si. A reflexão metacognitiva contradiz essa percepção, pois, ao propor outros percursos e atividades, permite aos estudantes reconhecer a existência das suas inteligências e, sobretudo, acessar os instrumentos e o conhecimento para utilizá-los. Cada um, então, vira recurso para si mesmo e para os outros, experimentando possibilidades de resgate e de afirmação social em termos de potencialização da autoestima, da autoconsciência e da confiança em si mesmo. Nesse contexto, o aluno se torna consciente do próprio valor como estudante e, mais importante ainda, como pessoa, passando a conhecer as próprias fraquezas mas também os próprios pontos fortes, descobrindo quais são os canais mais adequados para o seu processo de aprendizagem e quais são as estratégias mais eficazes para que ele possa superar dificuldades. Esse aluno reconquista o direito de atuar ativamente em todas as fases do seu percurso escolar; por meio dessa proposta metodológica, cada estudante ganha consciência disso e, pouco a pouco, torna-se criador e protagonista do próprio resultado.

4.2.2 Qual é o papel do professor?

Em paralelo à mudança no papel do aluno se modifica também o papel do professor; ele não é mais aquele que administra totalmente e em posição assimétrica o ensino, oferecendo sempre os mesmos percursos para todos; nesse modelo, ele opera mais como um "profissional reflexivo", ou seja, alguém que observa, estuda e reflete para conhecer melhor e em profundidade os seus estudantes. É um professor que tem confiança em todos os seus alunos, consciente e firmemente convencido de que todos possam aprender se forem oferecidas oportunidades adequadas a eles; não existem para ele alunos "fáceis" ou "difíceis", mas alunos com suas próprias características e, por isso, únicos. Esse professor organiza o cotidiano escolar baseado nas informações obtidas e cria condições que permitam o desvelamento dos pontos de força de cada um, de modo que esses pontos possam ser aplicados na aprendizagem das várias disciplinas e valorizados através de percursos de potencialização personalizados. Ele não se coloca como *o* detentor do conhecimento e do saber, e sim como um guia, um tutor, um especialista que endereça, aconselha e apoia cada um dos seus alunos na direção da conquista do próprio saber.

O professor que faz uso dessa metodologia didática se abre ao diálogo com o corpo docente, reflete e remodela as próprias práticas e compartilha o planejamento do período letivo, utilizando e valorizando as próprias "inteligências" e a dos seus colegas. É um papel novo, difícil, nem sempre colocado em prática como se gostaria e que frequentemente não tem o apoio e os recursos necessários por não ser levado em séria consideração.

Conscientizar os alunos sobre o próprio valor, ajudá-los a montar as próprias estratégias – ajustadas ao seu estilo de aprendizagem – e assumir a responsabilidade de guiá-los na direção da completa autonomia tem um valor grande demais, o que de certa forma justifica pagar também um preço alto em termos de comprometimento e trabalho.

4.2.3 Que forma assumem os espaços, o tempo e os materiais?

As inteligências se manifestam mais facilmente em ambientes onde a expressividade de cada um pode materializar-se e desenvolver-se. Para os professores/educadores, não basta, portanto, reconhecer e trabalhar os perfis intelectuais (pontos de força e pontos de fraqueza) dos estudantes; é indispensável, justamente por esse dinamismo e desenvolvimento dos alunos, criar ambientes de aprendizagem positivos e adaptados para que cada um possa experimentar as próprias potencialidades.

A estruturação e a organização dos lugares escolares tornam-se assim um elemento determinante; deve-se prezar por uma organização flexível, em que os estudantes possam trabalhar utilizando disposições logísticas (atividade individual, em dupla, em pequeno ou grande grupo, em espaços amplos para atividades de movimento) adequadas às diversas e múltiplas atividades que vão sendo propostas. Essa flexibilidade e abertura a mudanças logísticas frequentes permite a organização, uma ou mais vezes por dia, dos *centros de aprendizagem*.

Esta modalidade organizativa, sobre a qual discutiremos de maneira mais ampla no âmbito do planejamento didático, permite criar contextos em que é possível experimentar cada uma das múltiplas inteligências, desenvolvendo atividades e utilizando materiais através dos quais elas se ativam e se manifestam. Como consequência, também o discurso da organização e da administração dos materiais assume uma relevância notável. Os objetos utilizados em sala de aula não precisam necessariamente ter custado caro ou ser de proveniência comercial: podem ser utilizados materiais reutilizados, de fácil disponibilidade e/ou construídos pelos alunos e professores.

Uma condição imprescindível é a atenção para que esses materiais sejam muitos, diferentes entre si e capazes de ativar todas as inteligências (Gentili, 2011), que estejam sempre disponíveis e, sobretudo, que possam ser facilmente utilizados de forma autônoma pelos estudantes. Trabalhar de acordo com uma didática atenta às diversas inteligências pressupõe a possibilidade de experimentar qualquer conceito e/ou assunto através de múltiplas perspectivas (*entry points*) e tipos de atividade, com uma consequente e óbvia dilatação dos tempos de realização para cada tarefa. Por esse motivo, na reunião dedicada ao planejamento curricular de uma escola e às intervenções específicas para cada turma, deve-se levar em consideração a variável tempo, optando por percursos de aprendizagem focados na *qualidade* mais do que na *quantidade*, capazes de proporcionar uma compreensão ampla, significativa e densa de conteúdos e temáticas que, frequentemente, são abordados sem a necessária profundidade.

A escolha, então, do que propor aos alunos e experimentar com a turma deve ser feita com atenção, identificando dentro dos núcleos temáticos disciplinares as competências a serem promovidas e os saberes irrenunciáveis a serem descobertos.

4.3 O planejamento na didática das inteligências múltiplas

A didática das inteligências múltiplas não tem uma estrutura rígida e predefinida. Não existe, portanto, um único e correto modo de implementar a teoria de referência. Numerosas experiências, em todo o mundo, documentaram planejamentos de sucesso, mesmo sendo muito diferentes entre si. Há, porém, um percurso comum[19] a todos eles, resumível nas seguintes etapas:

- identificar os perfis intelectuais (combinação dos pontos fortes e fracos) dos estudantes por meio da observação;
- utilizar as inteligências múltiplas como ferramenta para promover a alfabetização e usar os pontos fortes para compensar os pontos fracos (esse processo é chamado de *bridging*);
- projetar oportunidades de aprendizagem através de uma multimodalidade operacional, ou seja, propor a circulação de um mesmo conceito em modos variados, respeitando os perfis intelectuais de cada um (usando os *entry points*);
- envolver os estudantes em atividades autênticas, em que possam utilizar as competências que adquiriram para a resolução de problemas e a realização de produtos (através dos *exit points*).

A primeira fase de planejamento consiste na observação atenta dos estudantes, buscando descobrir e identificar os pontos fortes de cada um. As informações obtidas serão o resultado de uma interconexão de fontes e dados recolhidos em várias situações repetidas ao longo de um período e de observações feitas em momentos de

19. Mais detalhes em Gentili (2011).

pausa e enquanto os alunos trabalham em atividades e projetos organizados para esse fim. Como o próprio Gardner mais de uma vez reiterou:

> É essencial que as inteligências sejam observadas e avaliadas de modo *intelligent-fair* (sendo justo com os diversos perfis intelectuais), de modo a examinar a inteligência diretamente, em ação, e não apenas através das lentes de inteligência linguística ou lógica (testes, questionários) (Gardner, 2005, p. 22).

Na didática descrita e proposta aqui, tais situações de aprendizagem são possíveis graças à organização e à gestão dos centros de aprendizagem: contextos laboratoriais nos quais o estudante pode participar de experiências estimulantes e entrar em contato com diferentes estruturas e materiais, pensados para se adequar à variedade de tipos de inteligência.

Os centros de aprendizagem demandam uma organização inspirada em laboratórios, onde cada um tem um papel ativo: o conhecimento é construído gradualmente, a partir de observações, perguntas abertas, manipulação de materiais e debate contínuo com os colegas de turma (em uma "negociação" de significados).

Trabalha-se junto na construção de um projeto comum ou para resolver um problema real; os participantes atuam na Zona de Desenvolvimento Proximal (Vygotsky, 1987), definida como a distância entre o nível efetivo de desenvolvimento de uma habilidade, determinado pela autonomia de um sujeito na resolução de um problema, e o nível de desenvolvimento potencial, fase na qual a resolução de um problema se dará sob a guia de um adulto ou em colaboração com os próprios pares que já tenham adquirido dada competência e que, portanto, possam agir como "andaimes" do aprendizado.

Os trabalhos nos centros, além disso, muitas vezes são feitos em grupo, o que requer uma abordagem cooperativa e, consequentemente, o desenvolvimento de determinadas habilidades sociais e alguns aspectos da aprendizagem cooperativa[20]:

- a interdependência positiva, de modo que cada um se sinta responsável pelo trabalho do grupo inteiro;
- a liderança distribuída, em que o papel do líder é atribuído em turnos a cada componente do grupo;
- o ensino das habilidades sociais, que devem ser claramente indicadas e exercitadas em contextos autênticos de aprendizagem.

Em seguida à identificação dos pontos fortes dos alunos, dá-se início à segunda fase da intervenção educativa-didática, que permite utilizar as informações obtidas até então para personalizar os percursos de ensino-aprendizagem. O processo que permite utilizar os pontos fortes de cada um para promover os aprendizados de base e superar as áreas de dificuldade leva o nome de *bridging*: literalmente, "abrir caminho". Ao invés de concentrar-se nas fraquezas, as atividades de *bridging* propõem partir das potencialidades à disposição do aluno para recuperar as suas áreas deficitárias (Gentili, 2011). O *bridging* pode acontecer principalmente por meio de duas diferentes modalidades:

- a descoberta de um ponto forte e a experiência do sucesso dão ao aluno a confiança necessária para se aventurar em áreas menos consolidadas;
- o estilo de aprendizagem e os conteúdos dos setores em que o aluno se sente mais confiante são utilizados para envolver o estudante em áreas que são seus pontos de fraqueza, principalmente as que forem centrais para o sucesso escolar.

As atividades de *bridging* podem ser projetadas para debater e experimentar um conceito, uma habilidade ou um tema, seja partindo dos pontos fortes de um ou mais estudantes da turma, seja propondo várias experiências que envolvam simultaneamente pontos

20. Para mais detalhes, cf. Comoglio (1999) e Comoglio e Cardoso (1996).

de entrada diversos (utilizando os *entry/exit points*), o que permite uma compreensão significativa, autêntica e profunda.

4.4 As avaliações na didática das inteligências múltiplas

Um sistema avaliativo eficaz e responsivo aos aprendizados reais deve necessariamente ser coerente com as finalidades do sistema de ensino escolhido; em um sistema de instrução inclusivo, como o que esta didática pretende favorecer, a avaliação deve promover e orientar os conhecimentos adquiridos pelos alunos.

Dentro da didática das inteligências múltiplas, a avaliação assume um papel fundamental, não relegada exclusivamente ao ato final de controle e medição quantitativa dos aprendizados, mas realizada ao longo de todo o processo de estudo, permitindo, assim, enfrentar eventuais problemas e adaptar propostas com a personalização dos itinerários. Esse tipo de avaliação formativa promove o diálogo e o debate entre pares, além de estimular e guiar as reflexões e as autoavaliações por parte dos estudantes sobre os próprios processos de aprendizagem, favorecendo o controle dos procedimentos, a reflexão metacognitiva e a intencionalidade responsável (Gentili, 2011). Essa avaliação concentra a sua atenção nos processos e não só nos resultados, mostrando-se coerente com uma ideia e uma prática escolar na qual é mais importante aprender do que demostrar ter aprendido (Ambel, 2009). É, além disso, uma avaliação autêntica, fundada na observação e nas informações que ela oferece, dando aos estudantes múltiplas possibilidades de envolverem-se em aprendizagens significativas, ocupar-se em tarefas coerentes com a vida real e demonstrar o quanto aprenderam em modos que podem ser também muito diversos entre si.

Uma tal concepção da avaliação requer dos professores comprometimento e disponibilidade para idealizar e propor uma ampla gama de estratégias e instrumentos de verificação, que sejam sensíveis às diferenças individuais e aos níveis de desenvolvimento de cada um (Gentili, 2011). Isso se torna possível através da proposta de dois percursos integrados e complementares: a possibilidade de demonstrar aquilo que se aprendeu utilizando avaliações múltiplas e diversificadas e a busca de uma cada vez maior reflexão metacognitiva e capacidade de autoavaliar os próprios trabalhos. Partindo da consciência de que é possível demonstrar o que se aprendeu de muitos modos, propõe-se a realização de projetos e tarefas que envolvam várias das inteligências presentes nos estudantes, habituando-os a utilizar os canais de aprendizagem a eles mais agradáveis. Estarão disponíveis então não apenas avaliações "papel e lápis", mas também, e ao mesmo tempo, atividades de vários tipos (apresentações multimídia, canções, representações, esquemas, mapas, diagramas, imagens, vídeos, maquetes, *performances* teatrais etc.), criações de produtos como resultado final de um projeto ou mostras sobre temáticas que foram estudadas, nas quais cada estudante pode envolver-se utilizando os próprios pontos fortes e demonstrando o que aprendeu de forma orgânica e holística. Desse modo, a avaliação solicita várias áreas de aprendizagem, e não apenas a linguística e lógico-matemática, como ainda acontece na maior parte das nossas escolas.

Basicamente, a ideia é que um desempenho significativo indica a presença de competências adequadas; avaliar um estudante por meio do seu desempenho significa aceitar que ele tenha compreendido os conceitos e adquirido as competências indispensáveis para a sua realização.

A multiplicidade de estratégias possíveis (Figura 4.1) cria numerosas oportunidades para avaliar o aprendizado de forma autêntica, fornecendo preciosas informações sobre como cada estudante aprende (coisa não verificável utilizando-se apenas testes "papel e lápis" ou provas padronizadas).

Figura 4.1 – Estratégias para avaliar o aprendizado

Com o objetivo de buscar um envolvimento cada vez maior do estudante nos processos de verificação e avaliação dos próprios aprendizados, propõem-se alguns instrumentos que se mostraram particularmente úteis e eficazes: as conversas colaborativas (Campbell, 2008), as avaliações por rubrica (Ellerani et al., 2007), as fichas de reflexão pessoal, o diário de bordo e o portfólio[21]. Todos esses instrumentos buscam envolver diretamente o estudante e torná-lo consciente e corresponsável pelo próprio processo avaliativo; por meio destes, o aluno pode expressar as próprias ideias e considerações sobre elementos a serem avaliados e sobre critérios a serem utilizados para a avaliação de uma tarefa, de um trabalho ou do seu desempenho.

4.5 Como começar

A vontade de implementar qualquer nova proposta ou estratégia deve sempre partir de um conhecimento profundo, seja da(s) teoria(s) referente(s) à metodologia, seja dos elementos fundamentais que a caracterizam. Logo, também para a didática que estamos

21. Mais detalhes sobre essa estratégia em Gentili (2011).

discutindo é necessário partir de uma profunda compreensão de suas estruturas, sobre as quais ela mesma se apoia e da qual se nutre – duas em particular:

- o otimismo pedagógico para com o ser humano, que nos leva a pensar que todos os estudantes possam aprender se conseguirem identificar os próprios pontos fortes e construir sobre esses seu conhecimento;
- a consciência de que existem múltiplos canais e possibilidades de aprendizagem que podem ser utilizados e propostos aos estudantes, que terão então a possibilidade de aprender e de demonstrar o quanto aprenderam através da modalidade mais adequada para cada um.

No momento em que um professor ou um grupo de professores decide implementar nos próprios contextos escolares a didática das inteligências múltiplas, já devem ter assimilado e interiorizado essas reflexões e terem se tornado conscientes e convencidos destas, de modo a poder gerir com maior segurança as inevitáveis dificuldades com as quais inicialmente podem se deparar.

Como mencionado anteriormente, vale lembrar que a didática das inteligências múltiplas não tem um modelo rígido e predefinido a ser utilizado; essa abordagem permite um raio de ações muito amplas e flexíveis, dentro das quais cada professor ou grupo de professores pode facilmente mover-se e decidir em qual permanecer.

No entanto, à luz da experiência adquirida ao longo dos anos, recomenda-se começar gradualmente, com poucas e circunscritas atividades, de modo a tornar a realização e a gestão delas mais ágeis e eficazes.

De início, a atenção deve ser dada ao aspecto informativo dessa nova proposta metodológica, em duas frentes:

- a dos pais, que devem ser informados do trabalho que se faz na escola, de modo que possam descobrir e valorizar plenamente os pontos fortes dos próprios filhos, convidando-os a se tornarem coparticipantes e aliados na realização desse projeto educativo-didático. Essa parceria torna-se possível através de contínuos *feedbacks* e trocas entre os pais e professores em encontros periódicos, ao longo dos quais, juntos, monitora-se o processo de aprendizagem dos estudantes, construindo a ideia de uma coparticipação consciente e responsável em relação à vida escolar dos próprios filhos[22];

- a dos alunos, que, principalmente por meio das atividades realizadas nos centros de aprendizagem, mas também através de conversas coletivas (hora da roda), percebem que não existe um único modo de ser inteligente, e sim tantos, diversos um do outro, e todos igualmente eficazes para resolver os problemas que diariamente encontramos diante de nós. Todos somos inteligentes, ainda que de formas diferentes, e todos temos pontos fortes que são úteis e preciosos não apenas para nós mesmos como também para os outros, que a escola nos ajuda a descobrir, utilizar e valorizar.

É portanto fundamental partir da observação, livre em alguns momentos e estruturada em outros, para descobrir e identificar os perfis intelectuais dinâmicos de cada um. Por perfil "intelectual", entende-se a maravilhosa combinação de pontos fracos e fortes em um indivíduo, que torna único e original cada ser humano; por perfil "dinâmico", entende-se que tais perfis estão em constante evolução e podem variar no curso do tempo, com base nas experiências e nos estímulos que o indivíduo recebe.

As observações feitas durante as atividades nos centros podem oferecer exemplos dos pontos fortes dos alunos ao documentar as estratégias de resolução de problemas colocadas em ação por eles e o nível das competências demonstrado na realização dos trabalhos. Poder expressar-se e trabalhar nos centros de aprendizagem permite que os alunos se tornem conscientes das próprias e originais habilidades – assim como das dos colegas – que permaneciam,

---

22. Mais detalhes e sugestões de instrumentos a serem utilizados estão em Gentili (2011).

possivelmente, desconhecidas até aquele momento tanto para a escola quanto para si mesmos.

A introdução dos alunos a essa nova proposta organizativa pode ser facilitada por conversas preliminares à atividade em si, para que se possam identificar as diversas possibilidades logísticas de organização dos espaços à disposição (mais frequentemente a escola) e dos materiais a serem utilizados. Seria preferível que, nas primeiras vezes, fossem apresentados e propostos todos os centros, um de cada vez, de modo a dar a possibilidade aos alunos de familiarizarem-se com os materiais e as atividades de um centro antes de experimentar outro.

As atividades nos centros de aprendizagem, em geral desenvolvidas em grupos (pequenos ou grandes), preveem que o tempo disponível para a realização do teste de desempenho ou do projeto solicitado seja definido antecipadamente, com um máximo de 10-20 minutos para cada atividade – de forma que haja tempo para que os estudantes apresentem seu trabalho e vejam as atividades dos demais grupos. Esse momento de conclusão assume uma validade importantíssima para os alunos. A ideia não é que se faça uma *exposição aberta a comentários*, mas sim que seja uma oportunidade oferecida a todos de visualizar o trabalho do outro, fazer perguntas, discutir e pedir explicações. Idealmente, isso ajudaria os alunos a percorrer todas as fases das atividades desenvolvidas, a articular seus pensamentos, a avaliar suas hipóteses, a colocar as suas ideias em confronto com as dos colegas e a dar-se conta da existência de pontos de vista que podem ser muito diferentes dos próprios e ainda assim serem igualmente válidos e eficazes.

Com essa articulação, os centros de aprendizagem podem começar gradualmente a fazer parte da prática didática cotidiana, até chegar ao ponto de tornarem-se um momento de observação aguardado, integrando e potencializando as rotinas escolares já consolidadas.

Para oferecer a todos a possibilidade de expressar e destacar os próprios pontos fortes, é desejável que se organizem gradualmente centros que dialoguem com cada domínio (Gardner et al., 2002), dentro dos quais todas as múltiplas inteligências tenham a chance de atuar. Para isso, devem estar previstas atividades a serem feitas em centros de atividade de construção, de atividade musical, de atividade corporal-cinestésica, de atividade linguística, de atividade lógico-matemática, de atividade científica, de atividade artística e de atividade de conhecimento social.

Nos Quadros 4.3 e 4.4, há dois exemplos de atividades a serem feitas em centros[23]: a primeira é projetada para turmas de primeiro e segundo anos e se refere ao centro de construção, enquanto a segunda é de conhecimento social e pensada para crianças de terceiro e quarto anos.

Quadro 4.3 – Exemplo de atividade: o centro de construção

Turmas: Primeiro e segundo anos.
Número de alunos por grupo: De três a quatro.
Local: Sala de aula.
Duração: 1h30min.
Finalidade: > utilizar os diversos materiais à disposição de modo funcional ao objetivo da atividade (construir meios de transporte); > exercitar a coordenação motora fina.
Materiais: > canudos coloridos de vários tamanhos; > massinha ou argila colorida; > corda ou fio colorido; > palitos de dente; > papel-alumínio; > rolhas de cortiça; > tampas de plástico e alumínio; > papéis de várias espessuras; > espuma de enchimento.

23. Uma descrição completa das atividades em todos os centros está disponível em Gentili (2011).

Atividade: As crianças são convidadas a construir três meios de transporte (aéreo, aquático e terrestre) em grupo, utilizando e compartilhando o material disponível; elas também são informadas de que essas construções serão experimentadas em várias modalidades de classificação.

Papel do professor:
> organizar e explicar a atividade a ser feita;
> distribuir os materiais;
> atribuir funções;
> observar.

Indicadores (habilidades-chave: inteligência espacial e corporal-cinestésica):
> mostra-se envolvido(a) e interessado(a) na atividade;
> mostra compreender as relações entre as partes e o modo como o todo se forma;
> junta as várias peças com imaginação e com atenção à riqueza de detalhes;
> demonstra habilidade na construção de objetos tridimensionais;
> é hábil na manipulação de partes pequenas dos objetos.

Quadro 4.4 – Exemplo de atividade: centro de conhecimento social

Turma: Terceiro e quarto anos.

Número de alunos por grupo: Todas as crianças trabalham juntas.

Local: Sala de aula.

Duração: 2h.

Finalidade:
> reconhecer as próprias emoções e identificar os elementos que distinguem cada uma delas, colocando em ordem as sensações experimentadas (físicas e psicológicas);
> compartilhar as próprias emoções e, através do diálogo, conhecer as dos colegas.

Materiais:
> gravador;
> papéis com desenhos que representem cada emoção.

Atividade "Me sinto assim" (Di Pietro, 1999, p. 17):
> Os alunos são divididos em duplas e cada um se senta de frente para o outro. Em turnos, os alunos são convidados a compartilhar com o colega da dupla as próprias reflexões sobre as quatro emoções fundamentais (alegria, raiva, medo e tristeza), começando cada frase com as palavras: "Quando [situação], eu fico [descrição] e me sinto [emoção]".
> Depois de mais ou menos dez minutos, os alunos se sentam em roda e compartilham o que foi dito em dupla, respondendo as seguintes perguntas (sugere-se gravar a atividade, de modo a poder ouvi-la novamente no futuro):
• Falar sobre os seus sentimentos causou que efeito em vocês?
• Que sensações vocês sentiram?
• Vocês sentem que aprenderam alguma coisa sobre o outro?
• Vocês descobriram alguma coisa nova sobre vocês mesmos?

Papel do professor:
> propor a atividade e entregá-las;
> checar o tempo;
> fazer perguntas e moderar as intervenções, se necessário;
> observar.

Indicadores (habilidades-chave: inteligência intra e interpessoal):
> mostra-se envolvido(a) e interessado(a) na atividade;
> mostra compreender o significado dos termos que indicam os sentimentos;
> mostra habilidade para reconhecer os sentimentos dos outros.

As atividades nos centros de aprendizagem, com as quais os alunos terão tido a oportunidade de se familiarizar, podem ser um válido instrumento para o planejamento e a realização de atividades de *bridging* ("abrir caminho"): os pontos fortes descobertos podem ser utilizados para praticar conteúdos disciplinares ligados às competências de base inseridas no currículo (lembrando-se sempre de personalizar os percursos de aprendizagem).

Depois de ter começado a delinear um perfil para cada estudante e, assim, ter formado uma primeira ideia geral sobre a turma (quanto à presença de pontos fortes e fracos), pode-se começar a realizar as atividades de *bridging*.

Existem duas possíveis formas para tal:

• atividade única: um conceito ou uma habilidade é experimentada utilizando os pontos fortes descobertos (via um ou dois canais de aprendizagem);

• *entry points*: um conceito ou argumento é introduzido, explorado e experimentado através de uma multiplicidade de abordagens (como nos exemplos presentes no início deste capítulo).

Para quem utiliza pela primeira vez esta proposta didática, recomenda-se começar pelo planejamento de uma única atividade, levando em consideração os pontos fortes revelados na turma (ou nos alunos que se interessarem pela atividade voluntariamente) e, sobre esses, construir a atividade disciplinar.

Uma atividade de *bridging*, ao invés, tem uma duração limitada (máximo de duas horas), pressupõe a organização de uma só tipologia de centro de aprendizagem e a realização de uma tarefa igual para todos os grupos. A união desses elementos permite ao professor administrar mais facilmente toda a atividade e monitorá-la com tranquilidade, garantindo, desse modo, mais chances de sucesso para a experiência. Só em seguida, quando o professor terá alcançado maior domínio e segurança na gestão de tais atividades, é aconselhável propor atividades de *bridging* mais complexas, como as que utilizam a ideia dos *entry/exit points*.

São evidentes a atenção e o empenho requeridos na fase de planejamento para que se possa enfrentar a realização das atividades sem grandes problemas e/ou dificuldades, evitando invalidar a eficácia e a valor educativo-didático característico desta metodologia.

É necessária uma grande dedicação também nas fases de organização dos materiais, organização dos espaços e preparação das atividades. Mas, se por um lado tudo isso comporta uma "sobrecarga" efetiva no trabalho dos professores, por outro os resultados positivos que são possíveis de obter em termos de envolvimento/ motivação e no desempenho geral dos estudantes, incluindo no comportamento, encorajam a prosseguir nessa direção.

Para concluir, eu quis resumir esquematicamente as motivações que poderiam induzir os professores ou qualquer um que opere com sujeitos em aprendizagem a percorrer esta estrada metodológica.

Adotar a Teoria das Inteligências Múltiplas na escola:

- coloca à disposição uma estrutura que ajuda a compreender os diferentes comportamentos dos alunos;
- oferece um contexto e indicações sistemáticas que permitem descobrir, desenvolver e potencializar a inteira gama de habilidades individuais (personalização);
- permite melhorar as áreas de aprendizagem menos desenvolvidas (com as estratégias de *bridging*), promovendo um maior equilíbrio no perfil de cada aluno;

• cria condições para "cuidar" dos estudantes, ensinando a olhá-los de um modo diferente e vendo-os como "seres especiais", como diz a famosa canção de Battiato[24].

4.6 Exemplos

A seguir, são apresentados exemplos que se referem ao ensino linguístico e lógico-matemático para grupos de alunos do primeiro ano do ensino fundamental. O primeiro exemplo (Ficha 4.1) é uma atividade de *bridging*[25] simples, de breve duração (no máximo duas aulas).

Já o segundo exemplo (Ficha 4.2) apresenta uma atividade mais complexa, que envolve mais pontos de *bridging* e também uma avaliação final (Ficha 4.3) – que consiste em produzir uma pipa que seria usada para participar de uma manifestação –, com o intuito de verificar a aquisição das competências lógico-matemáticas necessárias para a tarefa.

Ficha 4.1 – O acento

Título: Grammaticanto	
Turmas	Primeiro e segundo anos do ensino fundamental.
Objetivo didático-disciplinar	Respeitar as convenções de escrita sobre o uso do acento (Ministero dell'Istruzione, dell'Università e della Ricerca, 2012).
Observação da turma	Foi possível perceber que as atividades musicais são as preferidas por quase todos os alunos e, em particular, por aqueles que costumam ter mais dificuldades.
Finalidades específicas	Favorecer uma motivação cada vez maior nos alunos (primeiro ano). Consolidar e reforçar habilidades linguístico-gramaticais (segundo ano).
Habilidades-alvo	Utilizar corretamente o acento.

24. Provavelmente uma referência à canção "La cura", de Franco Battiato [N.T.].

25. A atividade completa está disponível em Gentili (2011, p. 82-83).

Atividade de ***bridging***	Expressivo-musical: musicar as letras das músicas.
Motivação	Esta atividade foi escolhida porque permite utilizar atividades musicais (as preferidas pelos alunos) como canal preferencial para acessar conceitos gramaticais.
Organização da classe/ formação dos grupos	Será utilizada a modalidade organizativa dos centros de aprendizagem: foram formados três grupos de quatro crianças cada um, de modo que em cada um deles estivesse presente ao menos um aluno com manifestada inteligência musical.
Etapas	1. As crianças, divididas em grupos, leem a letra da música "Accento-ska", disponível em www.grammaticanto.it. 2. Utilizando os instrumentos colocados à disposição, cada grupo deve criar um ritmo adequado para cantar e tocar as canções fornecidas e encontrar um sistema de notação/representação musical para registrá-lo, de modo que, depois, a turma possa também escutá-lo. 3. Ao fim do tempo estipulado, cada grupo se apresentará para os outros tocando o próprio ritmo. 4. Depois da exibição, serão dedicados cerca de 30 minutos para discussão e argumentação. 5. Como conclusão de toda a atividade se seguirá a escuta das canções com o acompanhamento musical criado e as considerações dos alunos.
Materiais	Garrafas de plástico contendo legumes secos, tampas, copos de plástico, colheres, madeira, xilofone, canetas, folhas de papel e letras das canções (uma cópia para cada grupo).
Duração	50 minutos para a execução da atividade. 30 minutos para a discussão. 10 minutos para ouvir as músicas e fazer as últimas reflexões.
Verificação	Utilização do acento, tanto nas produções orais quanto nas produções escritas dos alunos.

Ficha 4.2 – A fração

Título: A fração	
Objetivo didático-disciplinar	Conhecer e trabalhar com frações (Ministero dell'Istruzione, dell'Università e della Ricerca, 2012).
Finalidades específicas	Favorecer uma maior motivação para os aprendizados lógico-matemáticos. Experimentar as operações de fração, reconhecer o operador fracionário e saber como aplicá-lo.

Habilidades-alvo	Reconhecer uma fração e saber trabalhar com operadores fracionários.
Atividade de *bridging*	Centro de atividades científicas: construir um disco de Newton. Centro de construção: construir um jogo da velha. Centro de atividades corporal-cinestésicas: participar de um jogo de revezamento. Centro de atividades lógico-matemáticas: representar o fracionamento de uma maçã, de uma torta e de uma barra de chocolate.
Motivação	Para uma compreensão significativa do complexo conceito de fração, considera-se útil dar a possibilidade aos alunos de experimentá-lo por meio de atividades diferentes (*entry points*).
Organização da classe/ formação dos grupos	Será utilizada a modalidade organizativa dos centros de aprendizagem: com exceção das atividades corporais (a serem feitas em uma quadra), todos os outros centros são utilizados simultaneamente a partir da rotação dos grupos (de modo que todos possam experimentar todas as experiências) pelas atividades. Os alunos são divididos em grupos de quatro.
Etapas	No **centro de atividades científicas**, partindo de um assunto já discutido – a decomposição do feixe de luz nas sete cores do arco-íris –, propõe-se a construção do disco de Newton (disco fracionado em sete partes iguais) para recriar, ao contrário, o mesmo fenômeno – a recomposição na luz branca; No **centro de construção**, os alunos terão a tarefa de construir um jogo da velha, para o qual é necessário fracionar um quadrado de papel em nove partes. No **centro de atividades corporal-cinestésicas**, as crianças praticarão um jogo de estafeta: tendo um percurso inteiro a completar, será confiado a cada estudante um quarto da prova inteira. Depois, a atividade será reportada graficamente em folhas de papel. No **centro de atividades lógico-matemáticas**, o grupo, de quatro alunos, terá a tarefa de distribuir entre si uma torta de forma circular, uma barra de chocolates retangular e uma maçã. As crianças depois irão expor para a turma as hipóteses de solução e as escolhas feitas.

Materiais	Respectivamente: - pequeno motor à bateria para o disco de Newton; - folhas de papel, canetas, tintas, tesouras, réguas; - equipamentos para atividades motoras; - torta, maçã e barra de chocolate.
Duração	60 minutos para a realização de cada experiência. 30 minutos de discussão.
Verificação	Construir uma pipa (Ficha 4.3).

Ficha 4.3 – As pipas[26]

Título: Construa uma pipa	
Atividade	Construir uma pipa trenó (Figura 4.2) seguindo as indicações dadas em termos fracionários. A pipa será utilizada em uma manifestação.
Finalidade	Testar a habilidade de utilizar, de modo adequado e eficaz, operadores fracionários de base 4/4, 3/3 e 2/2.
Conhecimentos necessários	Operadores fracionários, figuras geométricas (retângulo e triângulo) e unidades de comprimento.
Habilidades	Saber calcular 1/4, 2/4, 1/3 e 2/3 de medidas dadas. Saber desenhar corretamente retângulos e triângulos. Saber medir.
Considerações	Os alunos, divididos em grupos de três, poderão fazer uma tarefa concreta, para uma situação real (participação em uma manifestação), colocando em jogo e utilizando muitas das suas competências: medição, capacidade de construir algo, resolução lógica do problema (a pipa, em um primeiro momento, não voou) ao analisar por que uma pipa pode ou não pode voar, autorreflexão ao rever cada etapa seguida e consideração de estratégias e modalidades de melhoramento do produto final.

26. Optou-se pela construção de uma pipa específica, a pipa trenó, pois esta é, entre todas, a mais fácil de elaborar e fazer voar.

Resultados	O nível de interesse foi muito alto em todas as fases da experiência; ter que se empenhar na construção de uma coisa concreta, real, deu um sentido ao trabalho matemático. A partir da construção da pipa e de outras provas de verificação mais padronizadas, foi identificado que todos os alunos foram capazes de utilizar com segurança os operadores fracionários e aplicar adequadamente o conceito de fração em diversos contextos e situações.

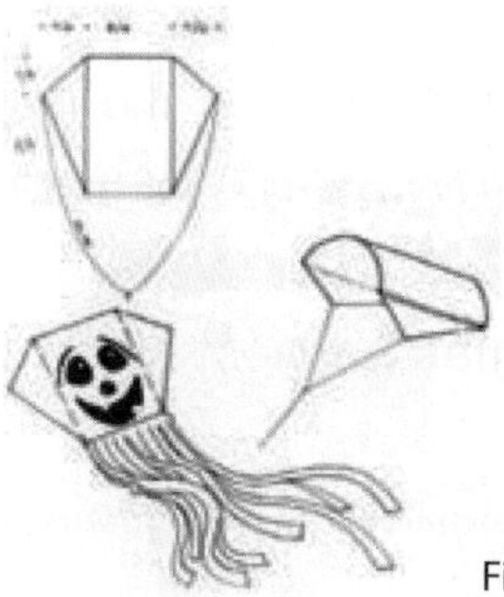

Figura 4.2 – A pipa trenó

Referências

Ambel, M. (2009). Quale idea di scuola fra progettualità e valutazione. *Nuvole – Per la ragionevolezza dell'utopia,* (37). Recuperado em fevereiro de 2014, www.memorbalia.it

Campbell, B. (2008). *Handbook of differentiated instruction using the Mutiple Intelligences.* Allyn and Bacon.

Comoglio, M. (1999). *Educare insegnando.* LAS.

Comoglio, M., & Cardoso, M. A. (1996). *Insegnare e apprendere in gruppo.* LAS.

Di Pietro, M. (1999). *L'ABC delle mie emozioni.* Erickson.

Ellerani, P. G., Gentile, M., & Sacrestani Mottinelli, M. (2007). *Valutare a scuola, formare competenze.* SEI.

Gardner, H. (1983). *Frames of mind.* Basic Books.

Gardner, H. (1993). *Educare al comprendere.* Feltrinelli.

Gardner, H. (2005). *Educazione e sviluppo della mente.* Erickson.

Gardner, H. et al. (2002). *Project Spectrum: prime attività di apprendimento.* Edizioni Junior.

Gentili, G. (2011). *Intelligenze multiple in classe: modelli, applicazioni ed esperienze per una didattica efficace.* Erickson.

McKenzie, W. (2006). *Intelligenze multiple e tecnologie per la didattica.* Erickson.

Ministero dell'Istruzione, dell'Università e della Ricerca. (2012). *Indicazioni Nazionali per il curricolo della scuola dell'infanzia e del primo ciclo di istruzione.* Recuperado em 2014, www.indicazioninazionali.it/documenti_Indicazioni_nazionali/indicazioni_naziona-li_infanzia_primo_ciclo.pdf

Norel, M. (2011). La valorizzazione della TIM nelle scuole in Romania. In P. Nicolini, *La teoria delle intelligenze multiple: aspetti concettuali e buone pratiche.* Edizioni Junior.

Tuffanelli, L., & Ianes, D. (2011). *La gestione della classe.* Erickson.

Vygotsky, L. S. (1987). *Il processo cognitivo.* Bollati Boringhieri.

Uso das tecnologias na gestão da heterogeneidade nas salas de aula

Inteligências múltiplas e tecnologias para a didática, uma visão do todo: Surfaquarium
http://surfaquarium.com/MI/intelligences.htm
Walter McKenzie foi aluno de Howard Gardner e é autor de numerosas obras sobre as interconexões entre as inteligências múltiplas e as tecnologias didáticas. A mais notável foi traduzida para o italiano e publicada pela Erickson com o título *Intelligenze multiple e tecnologie per la didattica* [Inteligências múltiplas e tecnologias para a didática] (2006). Além disso, ele mantém um *site* chamado Surfaquarium, no qual é possível encontrar uma lista de instrumentos digitais *online* categorizados de acordo com as nove inteligências da teoria de Gardner. Acessar essa lista e experimentar os instrumentos didáticos indicados é certamente uma válida ideia inicial para conhecer as tecnologias didáticas na perspectiva das inteligências múltiplas. A seguir, reproduzimos algumas indicações de McKenzie presentes no volume citado no parágrafo anterior (McKenzie, 2006, p. 58).

Inteligência	Tecnologias
Linguística	Livros-texto, lápis, fichas, jornais, revistas, programas de elaboração de textos, *e-mail*, instrumentos de editoração eletrônica, instrumentos de publicação *online*, teclados, dispositivos de reconhecimento vocal, programas OCR (reconhecimento óptico de caracteres).

Lógica	Réguas coloridas, cubos Unifix, tangram, copos medidores, metros e réguas, réguas de cálculo, calculadoras gráficas, planilhas eletrônicas, motores de pesquisa, diretórios, transferências de arquivos, protocolos, Gopher, WebQuest, atividades que requerem soluções de problemas, linguagens de programação.
Visual	Quadros luminosos, televisores, videocassetes, livros ilustrados, epubs, materiais variados para artes (tintas, papel, tesouras, cola etc.), quadros de giz, quadros magnéticos, projetores, quadros interativos, instrumentos para a criação de diagramas e gráficos, monitores, câmeras fotográficas digitais, câmeras de vídeo, escâneres, programas de *design* gráfico, editor HTML, filmes e animações digitais.
Cinestésica	Ferramentas de construção, utensílios de cozinha, parafusos, alavancas, rodas e eixos, planos inclinados, polias, bielas, acessórios para a educação física, materiais para serem manipulados, *joystick*, atividades que requerem coordenação olho-mão, tecnologias assistivas.
Musical	Blocos de várias formas geométricas, quebra-cabeças, instrumentos musicais, fonógrafos, fones, gravadores e fitas magnéticas, efeitos sonoros, jogos *online* baseados na análise de estruturas, apresentações multimídia, caixas de som, CDs, leitores de CDs, leitores de MP3.
Intrapessoal	Diários, enquetes (que também podem ser feitas *online*), máquinas de votação, centros de aprendizagem, livros para crianças, discussões, projetos em tempo real, módulos *online*, portfólios digitais para autoavaliações.
Interpessoal	Notas em folhas autoadesivas, cartões de parabéns, atividades em laboratórios, telefones, *walkie-talkies*, interfones, jogos de mesa, atividades que estimulam o uso da imaginação, projetos colaborativos, programas de bate-papo *online*, *message board*, mensageiro instantâneo.
Naturalística	Lentes de aumento, microscópios, telescópios, recipientes para insetos, livros, sacos para sanduíches, recipientes de plástico, bancos de dados, LaserDisc, gerenciadores de arquivos, instrumentos para criação de mapas semânticos.
Existencial	Reproduções de obras de arte, planetários, peças teatrais, leitura de clássicos, filosofia clássica, símbolos das religiões do mundo, comunidades virtuais, mostras de arte virtuais, passeios virtuais, MUD, *blog*, *sites* colaborativos (como Wikipédia), realidade virtual, simulações.

Quadrinhos e curtas de animação em sala de aula: Storyboard That e PowToon

www.storyboardthat.com/storyboard-creator – www.powtoon.com/

Um *exit point* cativante para os jovens, que estimula muito os componentes verbais, estéticos e narrativos, mas também emotivos da inteligência, é a elaboração de quadrinhos ou animações por meio de serviços *online*. Entre estes, considero muito funcional a didática de dois serviços: Storyboard That e PowToon.

Storyboard That permite criar *storyboards* e histórias em quadrinhos no formato de tirinhas, utilizando um simples editor *online* com o qual é possível escolher e personalizar dezenas de personagens, ambientes, objetos e fundos narrativos. É ideal para crianças do ensino fundamental e para alunos com dificuldades específicas. A utilização gratuita tem algumas limitações em comparação com a versão paga, mas isso não impede sua eficácia e seu uso em sala de aula.

PowToon, por sua vez, é um instrumento que permite, de maneira divertida e rápida, fazer breves animações, vídeos e apresentações interativas, úteis como local ou objeto narrativo para os clássicos mapas de síntese de um assunto.

O uso desses instrumentos como *exit points* de um trabalho baseado nas inteligências múltiplas é uma válida alternativa aos trabalhos tradicionais. Para a criação desses artefatos digitais, porém, é absolutamente indispensável a colaboração e a cooperação de vários tipos de inteligências que trabalhem juntas na criação de um produto.

Mapas conceituais para estimular a reflexão: C-Map Tools

http://cmap.ihmc.us/

Poucas tecnologias didáticas podem vangloriar-se de ter um fundamento teórico tão enraizado e complexo como os mapas conceituais. Derivados diretamente das pesquisas e dos estudos de Joseph Novak sobre a aprendizagem significativa, os mapas conceituais são o principal instrumento para trazer à tona e administrar fluxos de pensamento e raciocínio que subsistem na lógica humana.

O *software* gratuito C-Map Tools, muito conhecido e utilizado nas escolas em todos os anos escolares, foi produzido pelo grupo de trabalho e pesquisa de Novak e é um recurso que serve exclusivamente para a criação de mapas conceituais.

Mas essa ferramenta não deve ser confundida com outros *softwares* úteis para a criação de mapas mentais. Através do uso didaticamente consciente do C-Map Tools, os alunos poderão desenvolver competências metacognitivas no que diz respeito ao próprio modo de pensar e aos mecanismos que regulam a comunicação e a criação de pensamento compartilhado com os outros. A teoria da aprendizagem baseada nos mapas conceituais, de fato, não é por nada óbvia e coloca no centro da ação educativa o sujeito aprendente, com os seus conhecimentos prévios e as suas habilidades de construir conhecimento na relação com o outro através do planejamento e da construção de mapas conceituais, mesmo os mais complexos.

Fazer *sites* em sala de aula, inteligências múltiplas em ação: Wix
www.wix.com
Cada recurso, digital ou não, pode ser um instrumento útil para ativar e potencializar um tipo de inteligência e fornecer *entry points* para as atividades didáticas. Por esse motivo, depois de ter citado o *site* de Walter McKenzie como ponto de partida para explorar alguns recursos catalogados e relacionados às inteligências separadamente, acredito que possa ser útil indicar também um recurso que seja funcional para um horizonte de trabalho comum a todas as diversas formas de inteligência. Em uma perspectiva de didática por projetos e resolução de problemas reais, poucos trabalhos são mais eficazes, do ponto de vista das tecnologias, do que tentar fazer um *site* sobre um assunto qualquer. Para chegar ao resultado final, será necessário resolver muitos problemas, encontrar numerosas formas de mediação entre as pessoas envolvidas e, sobretudo, colocar em prática muitíssimas formas diferentes de inteligência. Certamente será necessário trabalhar aspectos visuais, lógicos e narrativos para chegar a um *site* eficaz e funcional, mas ao mesmo tempo haverá forte estímulo também às formas de inteligência social na mediação entre os pares e nas tomadas de decisão individuais. Partindo desse pressuposto, Wix é um serviço *online* gratuito para criar ótimos *sites* (perfeitamente reais, funcionais e de elevada qualidade) de maneira simples e rápida. Todo baseado na linguagem HTML5, permite a qualquer um fazer um *site* didático sem conhecer uma única linha de código de programação. Wix funciona de modo muito simples: escolhe-se um modelo de *site* entre os vários já criados por outras pessoas, em um vasto "cardápio". Para começar a personalização, basta selecionar o item "Editar". A partir daquele momento, cada parte do *site* pode ser modificada ao gosto da pessoa. Em um nível básico, a foto presente no modelo poderá ser substituída por uma foto própria, assim como todos os textos do *site* e as outras opções disponíveis. Mesmo adotando uma abordagem estritamente visual, será muito fácil personalizar os conteúdos e, para os mais hábeis, modificar por completo o *site* de partida, criando um *site* totalmente novo. O *site* final poderá ser publicado de maneira gratuita – é necessário manter, no nome do endereço, a extensão ".wix" (por exemplo: http://nomedomeusite.wix.com) e um pequeno *banner* publicitário da marca Wix no fundo da página; na versão paga, podem-se descartar esses dois elementos. Todavia, dada a natureza didática da proposta de uso de Wix, a assinatura do serviço não é essencial; a versão gratuita mantém-se perfeitamente útil para a escola, oferecendo também a possibilidade de realizar trabalhos compartilhados entre várias pessoas, mostrando-se perfeito para a administração de uma didática por projetos que coloque em prática as diferentes inteligências presentes em uma turma.

5

A aprendizagem cooperativa

Anna La Prova

5.1 Princípios e bases da aprendizagem cooperativa

5.1.1 O que é a aprendizagem cooperativa?

A aprendizagem cooperativa é uma metodologia didática que utiliza o trabalho em pequenos grupos como meio para alcançar objetivos de aprendizado pessoais. Já nas primeiras reflexões sobre a importância da aprendizagem mediada por grupos, podemos facilmente seguir os rastros que levam às origens desse pensamento: as primeiras teorizações sobre a interdependência social, com destaque para a ideia de "interligação relacional", que ocorre quando as relações entre as pessoas de um grupo influenciam tanto o modo como seus membros interagem entre si quanto, a longo prazo, os resultados que o grupo alcança (Deutsch, 1968). Em seguida, seguiremos pela década de 1970, nos Estados Unidos, quando surgiu a necessidade de responder a perguntas sobre socialização e educação para a convivência civil e, pouco depois, quando se começou a falar sobre aprendizagem cooperativa, graças às primeiras publicações dos irmãos Johnson (Johnson & Johnson, 1989). A partir daí, cresceu a consciência de que o ambiente da sala de aula é um contexto social sob todos os efeitos e, como tal, serve como modelo de relações. Na prática, as normas comportamentais que se experimentam em uma turma são inevitavelmente interiorizadas: pensemos em quanto tempo, ao longo do nosso próprio percurso evolutivo, passamos dentro da escola e o quanto foram influentes as relações que construímos com nossos colegas.

Ocorreram sucessivos avanços na teoria da aprendizagem cooperativa, para as quais, na literatura, existem diversas conceitualizações que, por sua vez, focam uma ou outra característica do método (Comoglio, 1996; Kagan, 1994; Johnson & Johnson, 1989; Slavin, 1990).

De forma breve, pode-se definir a aprendizagem cooperativa como um método de ensino-aprendizagem que utiliza pequenos grupos, graças aos quais é possível tanto aprender sobre relações sociais quanto melhorar essas relações. O principal fundamento desse método é que o grupo é um conjunto de recursos, sejam estes entendidos como conhecimentos ou como competências, e que os alunos não são considerados "recipientes a serem preenchidos" de noções ou habilidades, mas sim "recursos a serem ativados". Nesse contexto, o ensino-aprendizagem é entendido como um processo não de "transmissão" do professor aos alunos, mas de participação e troca entre todas as pessoas envolvidas.

A aprendizagem cooperativa é um instrumento flexível que permite estabelecer vários objetivos educacionais ao mesmo tempo, com o propósito de promover um aprendizado eficaz e também a convivência civil e a prosocialidade, estimulando diferentes tipos de inteligência e estilos de aprendizagem (Quadro 5.1).

Quadro 5.1 – Elementos característicos da aprendizagem cooperativa

Características do comportamento do aluno	• Participação ativa no processo de aprendizagem. • Utilização funcional de características pessoais.
Características do comportamento do professor	• Facilitador do processo de aprendizagem. • Participante do processo como um recurso que organiza e orienta, sem ocupar o papel dos alunos. • Ativador de recursos presentes na sala de aula, e não repositório do conhecimento.
Características do processo de ensino-aprendizagem	• Aprendizagem baseada na mediação entre pares e na subdivisão de tarefas. • Aprendizagem responsável: cada um é responsável pelo próprio percurso de aprendizagem e também o do grupo, a partir de papéis pessoais específicos.
Metodologias didáticas	• Trabalho em dupla para tarefas simples, que podem ser o estudo de um tema ou a escuta da aula. • Trabalho em grupos de três ou quatro para tarefas complexas, que requerem mais habilidades e competências. • Trabalho voltado ao alcance de objetivos macro (de grupo), realizados a partir do alcance das metas pessoais.

Estruturar o trabalho em turmas cooperativas não é de fato uma operação banal. É necessário considerar algumas regras específicas e fundamentais, às quais os diversos atores atribuem uma importância relativa diferente, o que tem como consequência uma variedade de formas de atuação da aprendizagem cooperativa.

Vamos ver quais são elas e descrever brevemente suas características:

- *Abordagem estrutural:* Idealizada por Kagan (1994), essa abordagem foca principalmente o desenvolvimento de estruturas de trabalho que – independentemente do tipo de conteúdo – assegurem uma real interdependência positiva e o máximo envolvimento, ativo e responsável, dos alunos; é então uma estrutura que visa à organização social da turma.

• *Aprendendo juntos*[27]*:* Esta modalidade, proposta por Johnson e Johnson (1989), é a mais difusa e sob a qual foi conduzido o maior número de estudos experimentais. Funda-se em cinco pontos principais: interdependência positiva, responsabilidade individual e de grupo, interação face a face, habilidades sociais e avaliações individuais e de grupo (Johnson et al., 1996).

• *Investigação em grupo:* Conhecida sobretudo pelo trabalho de Sharan e Sharan (1998), é uma modalidade de aprendizagem cooperativa que põe grande importância no elemento "desejo de conhecer" como estímulo à aprendizagem; com esse propósito, a principal tarefa do professor é suscitar interesse no assunto que será objeto de estudo e pesquisa em grupo. Esta modalidade visa desenvolver sobretudo as habilidades metacognitivas e os processos de autorregulação do estudante no que diz respeito às estratégias de aprendizagem e às modalidades relacionais.

• *Atividade complexa:* Esta modalidade (Cohen, 1999) caracteriza-se pela atenção que direciona ao *status* dos alunos dentro da sala de aula, com o objetivo de evitar que os mais hábeis monopolizem a atividade e que aqueles em dificuldade permaneçam passivos, de modo que os primeiros continuam a melhorar, e os segundos, a piorar. O professor deve, portanto, preparar e propor tarefas complexas, para as quais o desenvolvimento implique habilidades diferentes, de modo que cada componente do grupo possa contribuir e tenha consciência da necessidade de contribuição de todos.

• *Aprendizagem em equipes:* Modalidade idealizada por Slavin (1990), que atribui grande importância à motivação intrínseca, o que implica a sistemática utilização de gratificações e do diálogo entre os grupos.

---

27. No original, *Learning together* [N.T.].

5.1.2 Uso da aprendizagem cooperativa para valorizar as diferenças individuais

A partir da Lei Moratti, de 2003, a escola italiana começou a enfatizar a necessidade de uma personalização nas aprendizagens, partindo de necessidades formativas específicas. Todavia, a pergunta que desde aquele período chega até nós, por muitos professores, é se e como é possível prestar atenção de modo individualizado a todos os alunos. Pode o Plano Educacional Individualizado ou o Plano de Desenvolvimento Personalizado garantir a inclusão de todos, com as suas individualidades, na turma? É realmente realista essa diferença entre "necessidades especiais" e "necessidades normais"?

Na realidade, ao aprender, cada aluno precisa de uma atenção à sua individualidade, aos seus limites e aos seus recursos.

Carlo Petracca, no agora distante 2003, questionava o planejamento dos percursos individuais, defendendo que o conceito de *personalização* não pode ser confundido com o de *formação individual*:

> Seria um absurdo, do ponto de vista operacional, pensar que cada aluno possa ter o próprio plano de estudo, composto de unidades de aprendizagem individuais. O ensino, nesse caso, não seria mais "personalizado" ou individualizado, mas "individual", e configuraria um caminho realizado exclusivamente, como na Antiguidade, por um tutor privado. [...] A personalização não pode significar a renúncia aos objetivos sociais comuns, não pode negar a cooperação entre os pares em atividades de aprendizagem, não pode ignorar que "nenhum homem é uma ilha". Se personalizar quisesse dizer criar ilhas, isso seria a negação da educação e levaria à marginalização social (Petracca, 2003, p. 132-133).

Não deveríamos nos perguntar "como personalizar o aprendizado", já que fazer escolhas que atendam a todas as especialidades e que, justamente por isso, colocam todos na condição de aprender a partir dos próprios recursos, da inteligência mais desenvolvida e do próprio estilo de aprendizagem, deveria ser algo intrínseco à nossa didática.

De qualquer modo, a questão deveria ser resolvida em várias frentes, criando-se um ambiente que seja inclusivo independentemente do tipo de atividade em que se esteja trabalhando e em todos os contextos; é só a partir dessa perspectiva que faz sentido falar de necessidades educativas especiais.

O professor deveria ser "equipado" com uma série de estratégias didáticas *realmente* inclusivas, de modo tal que estas sejam *a primeira escolha* em cada caso, e não *a escolha alternativa* ou de segundo nível.

Mas a pergunta é: existem estratégias didáticas que possam de fato criar um ambiente inclusivo a ponto de que não seja necessário fazer nenhuma outra escolha se não a de implementá-las para todos? E, se existem, como se aplicam?

A aprendizagem cooperativa é uma dessas estratégias. Afirmo isso a partir da minha experiência, ao longo de mais de 16 anos, de formação de professores em escolas italianas de todos os tipos. Durante esses anos, pude perceber como, no momento em que essa metodologia é aplicada de modo sério e rigoroso, ela se torna realmente o caminho principal para responder de modo eficaz às necessidades formativas dos estudantes com necessidades educativas únicas.

Isso porque o princípio é o de que qualquer componente do grupo, com as suas características peculiares e especiais, pode contribuir para a aprendizagem de todos e tornar-se recurso (e instrumento compensativo) para os outros.

Nas estruturas cooperativas, qualquer um pode encontrar um espaço para aprender com o seu estilo de aprendizagem específico e tornar-se, ao mesmo tempo, suporte para os outros. Por exemplo: imaginemos que, em um grupinho de três, os estudantes tenham a tarefa de compreender um trecho de história e que, dentro do grupo, haja um aluno com dislexia. Se dentro do grupo são distribuídos diferentes papéis – um lê, um resume e um escreve o que o outro resumiu –, compreende-se bem como o aluno disléxico, a quem se pode dar a tarefa de resumir oralmente, pode compensar a sua dificuldade de ler e ao mesmo tempo colocar à disposição do grupo a sua capacidade de compreender quando escuta. Desse modo, é menor também a necessidade de tecnologias especiais compensativas (que são válidas caso estejam à disposição) e, de uma maneira simples e natural, utilizando os "recursos humanos" presentes na turma, cada um é valorizado por aquilo que sabe fazer, ao mesmo tempo que todos encontram compensação no colega para aquilo que não sabem fazer.

Nesse sentido, as estruturas cooperativas não devem ser confundidas com as estruturas de *peer tutoring*, em que um aluno que "tem de mais" dá a um outro que "tem de menos", pois, na didática apresentada neste capítulo, todos são considerados guardiões de recursos que podem ser colocados a serviço do bem comum do grupo: o aprendizado de todos. Na aprendizagem cooperativa, todos tem alguma coisa a dar aos outros e alguma coisa a receber, e isso permite criar um ambiente de aprendizagem paritário e realmente inclusivo.

A seguir, veremos detalhadamente em que consiste a aprendizagem cooperativa e como ela é alcançada.

5.1.3 Modelos de aplicação da aprendizagem cooperativa

Existem essencialmente três tipologias de atividades cooperativas:

1. as modalidades *simples*;

2. as modalidades *complexas*;

3. as atividades por mim definidas *de fronteira*, pois apresentam características tanto da primeira quanto da segunda categoria.

As *atividades cooperativas simples* têm as seguintes características em comum:

- desenvolvem-se em dupla ou no máximo em grupos de três estudantes;
- preveem um breve período de permanência na dupla (1-2 horas de aula);
- não requerem necessariamente um alto nível de habilidades sociais;

• consistem em tarefas não particularmente difíceis, que os estudantes poderiam realizar até mesmo de modo individual, mas que são propostas para o trabalho em dupla com o escopo de favorecer a manutenção da atenção, a reelaboração e o estudo.

As atividades cooperativas simples se distinguem, por sua vez, em duas tipologias:

1. atividades de suporte à explicação;
2. atividades de suporte ao estudo.

As atividades de suporte à explicação têm o objetivo de envolver os alunos durante a aula expositiva, sustentando a atenção e estimulando a escuta ativa e a elaboração individual quase imediata dos conteúdos propostos. É inevitável que as aulas expositivas, de fato, comportem uma diminuição da atenção após um período que pode variar dos 20 aos 30 minutos, depois dos quais, a menos que o assunto seja extremamente interessante para os alunos ou o professor não seja excepcionalmente carismático, é muito provável que comece a distração. Essas atividades são estruturadas especificamente para remediar o fisiológico declínio da atenção e as lacunas e dificuldades que isso pode oferecer aos alunos. De maneira substancial, sugere-se estimular o interesse sobre o assunto apresentado de vários modos, como interrompendo a aula a cada cinco minutos para propor perguntas sobre o que foi dito ou convidando os jovens a fazer anotações e compará-las com as dos colegas.

Além do aspecto mais evidente, que é o de envolver mais os estudantes e ajudá-los a reelaborar o que foi proposto, de modo que eles se apropriem do que foi compartilhado, tais atividades permitem ir na direção de uma multiplicidade de objetivos, entre os quais:

• favorecer uma atitude ativa e voltada à aprendizagem;

• dar a possibilidade de retornar àquilo que foi apresentado e confrontar-se sobre o assunto, de modo a evitar os erros de compreensão;

- criar a oportunidade refletir e se fazer perguntas sobre a explicação, de modo a poder aprender de maneira crítica e não passiva;
- favorecer a possibilidade de compreender, colher conexões e, portanto, aprender por conceitos.

A interiorização de informações e conceitos implica uma notável capacidade de atenção e de elaboração, capacidades que frequentemente são pouco exercitadas, limitando-se a uma memorização automática e sem uma autêntica compreensão.

As atividades de suporte ao estudo, por sua vez, têm a intenção de favorecer uma real e eficaz apropriação dos conteúdos através do confronto com os colegas e da ajuda que eles podem oferecer. Ter que pensar em perguntas a serem feitas ao colega sobre aquilo que se está estudando, resumir um parágrafo que acabou de ser lido e explicá-lo e esquematizar uma parte do texto e apresentá-la ao outro são algumas modalidades de trabalho em dupla que "forçam" a refletir e elaborar em profundidade o conteúdo que se está aprendendo. O confronto com os colegas, logo, ajuda a colocar em prática elementos que possam escapar no estudo individual.

Especificamente, as atividades em dupla de suporte ao estudo têm a intenção de estimular e favorecer:

- a capacidade crítica e de reelaboração;
- a capacidade de confronto e de discussão sobre um dado assunto;
- a análise aprofundada de um assunto;
- a apropriação de um conteúdo;
- a correção de eventuais erros de compreensão.

As *atividades cooperativas complexas* preveem uma estruturação mais formal do que as atividades simples em termos de duração, funções e modalidades de execução:

- desenvolvem-se em grupos compostos por um mínimo de três e um máximo de cinco estudantes (quatro é o número ideal para um bom trabalho cooperativo em grupos estruturados);

- preveem um tempo de permanência no grupo relativamente longo (por uma semana em vários meses);
- consistem em tarefas geralmente complexas, para as quais é de fato necessário um trabalho em grupo, pois o envolvimento individual requereria muito mais tempo e energia ou até mesmo não seria possível;
- comportam uma clara subdivisão das tarefas individuais com base nos papéis que cada um desempenha, além de ter duração e percursos bem delineados;
- como o tempo de permanência no grupo é maior e a tarefa é mais complexa, é no mínimo desejável que os componentes do grupo tenham atingido um bom nível de habilidades sociais.

Por fim, as *atividades de fronteira* são frequentemente inventadas pelos professores para fazer frente às necessidades que surgem de transformar atividades complexas em estruturas mais simples. Essas atividades se colocam no meio do caminho entre as atividades simples e complexas por terem mais elementos do que a primeira (quando, por exemplo, para o trabalho em dupla, é feita uma clara subdivisão de papéis e tarefas) e por faltar a elas uma ou duas características necessárias para que fossem enquadradas na segunda.

5.2 A organização das atividades didáticas na modalidade cooperativa

5.2.1 Qual é o papel do aluno?

Nessa abordagem, o aluno é visto como um recurso a ser ativado, e não como um recipiente a ser preenchido. Ele se torna o protagonista ativo da própria aprendizagem e tem um alto grau de responsabilidade, tanto individual quanto de grupo. Cada aluno, junto aos demais, coopera para o desenvolvimento do trabalho em comum a partir de um papel individual que, interligando-se com o dos outros, determina o sucesso ou o fracasso do objetivo do grupo.

Graças à subdivisão de papéis e às tarefas individuais, todos os alunos se encontram em uma relação de interdependência positiva com os outros membros do grupo. Na prática, isso significa que, dentro dos grupos cooperativos, vale a regra do "um por todos, todos por um", ou seja, nas estruturas didáticas de aprendizagem cooperativa, se bem-organizadas, os alunos realmente experimentam uma interligação relacional tal que, se alguém não adere plenamente à própria tarefa, os outros também não podem prosseguir.

A consequência dessa estrutura é que o aluno se sente responsabilizado por realizar ao máximo o próprio papel, ao mesmo tempo que também é instado pelos colegas. Nesse contexto, institui-se que as competências e as capacidades individuais são altamente valorizadas e que todos, de fato, desempenham um papel que parte das próprias habilidades, tornando-se assim recurso ativo para os outros membros do grupo.

5.2.2 Qual é o papel do professor?

Nesse contexto o professor é, por sua vez, também ele um recurso ativo dentro da turma; para isso, ele abandona o papel de "protagonista" da cena de aprendizagem e assume o de "diretor". É sua a responsabilidade pela organização das atividades, da gestão do tempo, dos materiais e da subdivisão dos papéis (ao menos em uma primeira fase), ou seja, o seu papel é de fundamental importância – mas certamente assume conotações muito diversas em relação àquelas de uma didática tradicional.

Ele não é mais o único detentor do saber; o professor se torna um facilitador do processo de aprendizagem. A sua tarefa, agora, é a de organizar, da melhor forma possível, as atividades cooperativas previstas, identificando com acurácia os objetivos de cada uma das atividades e, sobretudo, atribuindo os papéis de cada um a partir de um atento conhecimento das competências dos alunos, de modo a valorizar cada um dentro do grupo levando em conta o próprio talento e "explorando", por assim dizer, as competências dos outros, como instrumentos compensativos para os alunos em dificuldade.

5.2.3 Que forma assumem o tempo e o espaço?

Muito frequentemente os professores ficam assustados com a ideia de ter que fazer atividades de tipo cooperativo, pois são levados a pensar que haverá uma total distorção do "espaço-tempo" da didática tradicional.

Mesmo que seja verdade que espaços mais amplos e horários mais flexíveis ajudariam muito a realização de algumas atividades (por exemplo, as complexas, que preveem grupos mais numerosos), é também verdade que é possível realizar uma atividade didática cooperativa sem mudar tanto a configuração tradicional da sala de aula.

Por exemplo, uma atividade cooperativa em dupla não prevê nenhum tipo de mudança de lugares, já que pode ser realizada com o colega do lado ou, no máximo, pode requerer uma pequena mudança de organização, caso o professor reconheça a necessidade de que dois alunos que não sentam um ao lado do outro façam uma atividade juntos. No que diz respeito aos horários, em geral as atividades cooperativas em dupla não requerem mais do que 60-120 minutos, podendo ser tranquilamente realizadas no tempo de uma aula tradicional.

Até mesmo para algumas atividades complexas não é solicitada nenhuma grande modificação do espaço da sala de aula. Por exemplo, se o professor tem a necessidade de formar grupos de três ou quatro alunos, pode ser suficiente que, sem que seja necessário arrastar as carteiras, dois estudantes sentados, por exemplo, na primeira fileira, girem-se para trás, na direção dos que estão na segunda fileira, formando assim o grupo de quatro alunos. Outra possibilidade é, no caso em que dois estudantes estão sentados, por exemplo, no meio de outras duas duplas, um estudante se mantenha no seu lugar, na direção dos colegas do banco da frente, e o outro se vire para trás, na direção dos colegas do banco seguinte. Aí estão formados dois grupos de três estudantes. Em relação ao horário, para atividades complexas são frequentemente necessárias mais horas do que as previstas para uma única matéria em um dia, mas pode-se remediar isso formulando-se tarefas que possam ser continuadas no dia seguinte ou na semana sucessiva, como já acontece em algumas disciplinas.

5.2.4 Que forma assumem os materiais didáticos?

Os materiais didáticos nas atividades cooperativas podem ser muito variados; dependerá do tipo de objetivo previsto para a atividade do momento. Em geral, podem-se utilizar os livros-texto já em posse dos alunos, mas, já que os alunos são estimulados a "manipular" de modo ativo os conteúdos, são úteis também folhas em branco sobre as quais eles podem construir resumos, mapas conceituais ou representações do que foi aprendido.

Em geral, assim como na didática aberta, são preferíveis materiais não demasiadamente estruturados e que permitam uma manipulação ativa do aluno; livros-texto simplificados em excesso, com linhas sublinhadas ou mapas já feitos, tiram a possibilidade do aluno de ser protagonista ativo da própria aprendizagem.

5.3 O planejamento de atividades cooperativas

Para o planejamento e a aplicação de atividades cooperativas, sugerimos pegar como referência os princípios da corrente "Aprendendo juntos", proposta pelos irmãos Johnson (Johnson & Johnson, 1987; Johnson et al., 1996). Essa corrente prevê quatro passos para o planejamento:

1. fazer escolhas *antes* da aula;
2. fazer escolhas *no início* da aula;
3. fazer escolhas *durante* a aula;
4. fazer escolhas *depois* da aula.

Antes da aula, o professor deveria dispor-se a planejar com cuidado a atividade que pretende realizar, tomando decisões quanto aos objetivos que quer que os próprios alunos alcancem, à formação dos grupos, à tipologia de atividade mais adequada aos objetivos que se têm em mente e muito mais.

No início da aula e depois de ter planejado a atividade, o professor deve conseguir comunicar claramente aos alunos que tipo de trabalho está para propor a eles, especificando os vários passos previstos para a realização da atividade e deixando claro quais são os critérios de avaliação.

Durante a aula, o professor deverá monitorar os trabalhos em grupo e tomar decisões quanto a eventuais imprevistos, perguntas etc. Deverá também observar o desenvolvimento das habilidades sociais, se previstas.

Ao fim da aula, o professor deverá partir para a verificação e a avaliação, das quais descreveremos, a seguir, as modalidades e os procedimentos.

5.4 A avaliação das atividades didáticas em modalidade cooperativa

A avaliação das atividades cooperativas deve ser bem planejada, já que, dependendo da tipologia e da modalidade de avaliação, o tipo de interdependência que se cria dentro dos grupos de aprendizagem será diferente. A avaliação individual e/ou dos grupos pode ser, de fato, um instrumento fundamental para criar a interconexão que favorece o compromisso de cada membro do grupo consigo mesmo e com os outros, até que todos saibam responder a avaliação final.

Na literatura se encontram diversas modalidades de avaliação de grupos cooperativos. Descreveremos brevemente duas: a pontuação de melhorias e a média individual e de grupo.

A modalidade *pontuação de melhorias* se inspira em um princípio proposto por Slavin (1995), que visa à distribuição igualitária de oportunidades para o sucesso, segundo a qual, ao avaliar qualquer aluno, seria necessário evitar comparar os seus resultados com os dos colegas, ao passo que apenas deveria ser garantida uma comparação com os próprios resultados, ou seja, com uma eventual melhora ou piora própria em relação a uma avaliação precedente. Para fazer isso, Slavin propõe uma modalidade de avaliação chamada pontuação de base mínima. Essa modalidade prevê que o professor estabeleça um nível de partida para todos os alunos, a partir do qual avaliará as eventuais melhorias. Essa modalidade se chama pontuação de base mínima porque faz referência ao mínimo que o professor espera de um estudante em uma prova que prevê um número definido de perguntas (10, 15, 20, 30 itens). Às perguntas é atribuída uma pontuação. Por exemplo: em uma prova de 10 itens, cada resposta correta vale 3 pontos, e, em uma de 30, cada resposta correta vale 1 ponto, de modo que o máximo possível seja sempre 30. O próximo passo então é criar um *ranking* baseado na média aritmética das últimas três atividades, com base na qual se estabelece um ponto de partida do aluno, ou seja, se obterá uma classificação dos pontos de base que serão atualizados depois de duas provas (para mais detalhes sobre a atualização das pontuações, cf. a tabela reportada no texto de Comoglio & Cardoso, 1996, p. 277-278).

Tal procedimento é frequentemente considerado um pouco complicado pelos professores. Todavia, consideramos digno de atenção o princípio de avaliar todos a partir de uma pontuação pessoal e verificar, a partir dali, o quanto os próximos resultados se desviam dessa pontuação inicial, em vez de compará-la com as dos outros – mesmo que apenas em termos quantitativos.

A *média individual e de grupo* é uma das principais modalidades de avaliação para atividades cooperativas, pois permite conciliar a exigência de aplicar uma avaliação individual com a de dar um valor ao trabalho de grupo e favorecer uma interdependência na avaliação. A fase inicial prevê sempre uma prova que permita obter uma nota individual: um questionário de verificação, uma prova oral, uma tarefa em sala de aula etc. O professor então atribui uma pontuação à prova individual. Tal pontuação poderá, depois, ser unida a uma nota de grupo, da seguinte forma:

- somam-se as pontuações de cada membro do grupo;
- divide-se essa soma pelo número de membros do grupo;

- obtém-se, assim, uma média aritmética que constitui a pontuação de grupo;
- decide-se qual peso essa pontuação do grupo terá na pontuação individual final. Por exemplo, a nota individual pode valer 70% da nota, e a nota do grupo, 30% (como no exemplo reportado a seguir).

Exemplo de pontuações individuais obtidas no questionário de verificação final, grupo "Os mágicos":

Mario = 6

Michele = 5

Giovanna = 7

Lucia = 8

Pontuação do grupo (6 + 5 + 7 + 8) / 4 + 6,5

Pontuação individual final = média do grupo (30%) + pontuação individual (70%).

Calculemos, por exemplo, a pontuação final de Mario:

- multiplicamos 6,5 (média do grupo) por 30 e dividimos por 100 para obter o peso da pontuação de grupo = 1,9;
- multiplicamos 6 (pontuação individual) por 70 e dividimos por 100 para obter o peso da pontuação individual de Mario = 4,2;
- para obter a pontuação final de Mario, deveríamos simplesmente somar 4,2 + 1,95 = 6,15 e então decidir se arredondar para mais ou para menos o resultado obtido.

O peso da pontuação de grupo em relação à individual pode ser estabelecido a partir do objetivo que o professor pretende alcançar com aquela atividade específica. Ele pode, por exemplo, estabelecer que, nas primeiras vezes em que propõe as atividades cooperativas, para favorecer um grau mais alto de interdependência positiva na avaliação, fará com que o peso da pontuação de grupo e da pontuação individual sejam ambas 50%, ou ainda poderá fazer pesar a mais a pontuação de grupo em relação à pontuação individual (por exemplo, 60% a primeira e 40% a segunda).

Uma regra geral pode ser que, quanto mais o grupo for autônomo e hábil na cooperação, menor pode ser o peso da pontuação de grupo, ao passo que, quão menor for a capacidade do grupo de perceber a utilidade da colaboração e menos autônomo for nas atividades cooperativas, mais se pode fazer pesar a nota do grupo em relação à individual. É importante que o professor decida a partir do objetivo que pretende promover em cada turma.

O professor pode também decidir que a nota de grupo não será derivada de uma média das notas individuais e, portanto, organizar provas específicas que os permita obter a pontuação/nota de grupo, como nos exemplos reportados a seguir.

5.4.1 Jogando bingo

Para aplicar esta modalidade de verificação, o professor deverá atribuir um número para cada componente da turma. Ele terá preparado de antemão uma lista de perguntas e um saquinho como aqueles de bingo, em que colocou uma quantidade de perguntas correspondente ao número de alunos. Prosseguirá, então, da seguinte maneira:

- fará uma pergunta;
- dará um tempo mínimo para permitir que os estudantes se consultem entre si dentro do grupo e para garantir que todos encontrem a resposta;
- pegará um número do saquinho;
- o estudante que tem o número que foi pescado responderá;
- o professor então atribuirá uma nota a resposta;
- a nota dada será registrada como nota do grupo.

5.4.2 Questionário do grupo

Para este tipo de prova, o professor deverá preparar um questionário de 20 perguntas, e a atividade deverá ser desenvolvida da seguinte forma:

- o professor entregará o questionário aos estudantes;
- os integrantes do grupo dividirão as perguntas entre si de modo que cada um fique com quatro ou cinco, a depender do número de membros (cada um deverá responder individualmente as perguntas que recebeu);
- completadas as respostas, os alunos se confrontarão oralmente sobre as perguntas que responderam e, vez ou outra, corrigirão uns aos outros, buscando memorizar as respostas corretas;
- o professor fará uma pergunta aleatória a um membro do grupo;
- a nota que atribuirá à pessoa que respondeu vale para todo o grupo.

5.4.3 Verificação por equipe

Para esta avaliação, inspirada nas atividades do Teams Games Tournament, o professor preparará uma série de perguntas, com suas relativas respostas.

Em grupos de quatro ou cinco, os alunos deverão treinar para responder as perguntas. Terminado o estudo, o professor organizará as mesas do torneio, onde terá disposto dois blocos de fichas: em um serão reportadas as perguntas que os estudantes praticarão, e no outro as respostas correspondentes.

As perguntas e as respostas têm um número que as identifica (por exemplo, a primeira pergunta do primeiro bloco corresponde à primeira resposta do segundo bloco). Cada estudante de cada grupo irá para uma mesa diferente, de modo que, em cada mesa, haja um representante de cada grupo.

Neste ponto, inicia-se o torneio. Um aluno pescará uma pergunta e, antes de tudo, lerá o número dela; o aluno à sua direita, então, pescará, do bloco das respostas, a ficha com o número correspondente.

Quem pescou a pergunta tentará dar a resposta, e o aluno à sua direita confirmará se ela está ou não correta. O colega à sua esquerda, por sua vez, marcará em uma folha o nome da pessoa, o número da pergunta, a resposta que deu e se a resposta foi certa ou errada.

A atividade seguirá assim, em sentido horário, até o fim dos blocos.

O professor, ao fim, pegará as folhas e verificará as respostas dadas para avaliar se efetivamente estão certas ou erradas. A nota individual se somará a uma média do grupo.

5.5 Como começar: exemplos de atividades

Em geral, sugerimos aos professores que comecem a experimentar atividades de tipo cooperativo partindo das estruturas de modelos simples, ou seja, das atividades em dupla.

Desse modo, será possível para o professor partir com a progressividade necessária para descobrir como os alunos reagem diante de uma proposta de compartilhamento do trabalho; poderá então começar a notar o tipo de interação que se verifica entre os membros dos grupos e perceber o tempo de desenvolvimento das atividades de alguns alunos específicos.

5.5.1 Exemplo de atividade cooperativa simples em dupla: aula "intermitente"

O professor:

- identifica um assunto da sua disciplina que possa ser proposto com este tipo de atividade e o subdivide em quatro a cinco partes (não mais do que isso);
- estrutura a sua explicação ou aula de modo a fazer interrupções a cada cinco a dez minutos por quatro a cinco vezes, em correspondência aos pontos principais;
- subdivide os alunos em duplas e, antes de começar a explicar, pede a eles para fazerem anotações individualmente, como de costume;

- durante a explicação, o professor escreve no quadro um esquema com quatro a cinco perguntas-chave sobre o assunto em questão;
- no momento previsto, interrompe a explicação e pede aos estudantes de cada dupla para confrontarem as anotações feitas e integrá-las, em um tempo de cinco a dez minutos, salientando o fato de que as notas integradas devem ser uma reformulação (não uma soma, sobreposição ou escolha) daquelas individuais;
- terminada a aula, o professor pede às duplas para produzir um texto, levando em conta as anotações integradas e o esquema no quadro, com as seguintes instruções: um lê as notas e o outro escreve; a cada dois pontos sintetizados, os alunos invertem as funções.

Uma vez que tanto os alunos quanto o professor tenham praticado algumas vezes as atividades colaborativas simples, será possível passar as tarefas mais complexas, com grupos de três ou quatro crianças que requerem mais tempo e materiais e planejamentos mais complexos.

5.5.2 Exemplo de atividade cooperativa complexa: o quebra-cabeças

O professor:

- escolhe um assunto que possa ser subdividido em quatro a cinco partes e prepara o material para a atividade;
- em seguida, divide a turma em grupos que incluam um número de membros equivalente ao número de partes em que foi dividido o assunto escolhido (esses grupos iniciais se chamam "grupos de pertencimento" ou "grupos de base");
- distribui o material para os grupos e os instrui a atribuírem um assunto por estudante (por exemplo: há cinco províncias na região da Campânia; logo, é necessário formar um grupo de cinco alunos, em que um ficará com Nápoles, outro com Caserta, um com Avelino, um com Benevento e outro com Salerno);

- uma vez distribuído o material de estudo, o professor reagrupa todos os alunos que tenham o mesmo assunto em grupinhos de três a quatro membros (grupos de especialistas);
- os grupos de especialistas têm a tarefa de estudar a fundo o assunto que foi confiado a eles para se tornarem, de fato, especialistas. Para alcançar tal objetivo, eles terão os seguintes papéis: um lê, um escreve palavras-chave, um controla o tempo e um mantém-se atento à tarefa;
- os estudantes no grupo de especialistas deverão: identificar as palavras-chave dos conceitos principais, construir um mapa semântico, preparar as perguntas de verificação que serão feitas aos colegas quando voltarem ao grupo de base e simular a explicação que pretendem dar aos colegas;
- como todos trabalham juntos, o grupo produzirá um só mapa e, em um segundo momento, os alunos deverão copiá-las à mão ou fazer fotocópias, de modo que cada especialista tenha o próprio mapa para levar ao seu grupo de origem;
- ao fim, cada especialista volta ao próprio grupo de base, compartilha as informações aprendidas no grupo de especialistas e faz perguntas de verificação para se assegurar de que todos os colegas tenham compreendido o conteúdo corretamente. O especialista, aliás, tem não apenas a responsabilidade de saber muito bem o assunto a ele confiado, mas também a de verificar que os colegas do seu grupo de base aprendam aquelas mesmas coisas;
- para concluir, o professor pode interrogar qualquer um, escolhendo aleatoriamente, sobre uma parte qualquer do assunto, verificando assim a real compreensão e a aquisição das informações.

Bibliografia

Baldacci, M. (2004). Individualizzazione. In G. Cerini, & M. Spinosi, *Voci della scuola* (pp. 208-213). Tecnodid.

Bara, B. (1999). *Pragmatica cognitiva*. Bollati Boringhieri.

Bertagna, G. (2003). *Raccomandazioni per la comprensione e l'attuazione dei Documenti nazionali della Riforma.* Recuperado em 2014, www.cisem.it

Bowlby, J. (1988). *Una base sicura.* Raffaello Cortina.

Cattaneo, P. (2004). Educazioni. In G. Cerini, & M. Spinosi, *Voci della scuola* (pp. 137-145). Tecnodid.

Child Development Project. (2000). *Ways we want our class to be: class meetings that build commitment to kindness and learning.* DSC.

Chiosso, G. (2004). Personalizzazione. In G. Cerini, & M. Spinosi. *Voci della scuola* (pp. 288-296). Tecnodid.

Cohen, E. (1999). *Organizzare i gruppi cooperativi.* Erickson.

Comoglio, M. (1996). Che cos'è il Cooperative Learning. *Orientamenti Pedagogici,* (43), 259-293.

Comoglio, M., & Cardoso, M. A. (1996). *Insegnare e apprendere in gruppo.* LAS.

Crittenden, P. M. (1997). *Pericolo, sviluppo e adattamento.* Masson.

Dalton, J. E., & Watson, M. (1997). *Among friend.* DSC.

De Beni, M. (1998). *Prosocialità e altruísmo: guida all'educazione socio-affettiva.* Erickson.

Deutsch, M. (1968). The effects of cooperation and competition upon group process. In D. Cartwright, & A. Zander, *Group dynamics* (pp. 319-353). Harper & Row.

Dishon, D., & O'Leary, P. (1984). *A guidebook for cooperative learning: a technique for creating more effective schools.* Learning Publications.

Franta, H. (1985). *Relazioni sociali nella scuola: promozione di un clima umano positivo.* SEI.

Franta, H. (1988). *Atteggiamenti dell'educatore: teoria e training per la prassi educativa.* LAS.

Gentile, M. (2004). Contesto. In G. Cerini, & M. Spinosi, *Voci della scuola* (pp. 83-90). Tecnodid.

Gentile, M., & Petracca, C. (2003). *Apprendimento cooperativo: spunti per l'innovazione didattica.* Mondadori.

Gentile, M., Rubino, F., Iaccarino, C., & La Prova, A. (2002). *La conduzione della classe a piccoli gruppi e lo sviluppo della funzione docente: Rapporto Tecnico relativo all'Azione 2 del Piano Integrato d'Area Empolese Val d'Elsa, Sub-Area Bassa Val d'Elsa, Anno Scolastico 2001-2002.* Certaldo.

Iaccarino, C. (2013). *BES. Tutti inclusi nella comprensione del testo.* Recuperado em 17 de dezembro de 2024, http://www.adhdbambiniiperattivi.com/risorse-gratuite/

Johnson, D. W., & Johnson, R. T. (1987). *Learning together and alone.* Prentice-Hall.

Johnson, D. W., & Johnson, R. T. (1989). *Cooperation and competition: theory and research.* Interaction Book Company.

Johnson, D. W., & Jonhson, R. T. (1991). Cooperative Learning and classroom and school climate. In B. J. Fraser, & H. J. Walberg, *Educational enviroments: evaluation, antecedents, and consequences* (pp. 55-74). Pergamon Press.

Johnson, D. W., Johnson, R. T., & Anderson, D. (1983). Social interdependence and classroom climate. *The Journal of Psychology*, (114), 135-142.

Johnson, D. W., Johnson, R. T., & Holubec, J. E. (1996). *Apprendimento cooperativo in classe: migliorare il clima emotivo e il rendimento.* Erickson.

Kagan, S. (1994). *Cooperative learning.* Kagan Cooperative Learning.

Kolb, D. A. (1973). *On management and the learning process.* Working Paper.

La Prova, A. (2004). La costruzione di un clima di classe positivo. *Psicologia Scolastica, 3*(2), 211-232.

La Prova, A. (2008). *Apprendimento cooperativo e differenze individuali.* Erickson.

La Prova, A. (2013a). *Bisogni Educativi Speciali: dall'individuazione alla valutazione.* Forepsy.

La Prova, A. (2013b). L'apprendimento cooperativo come strategia compensativa per i BES. In D. Ianes, & S. Cramerotti, *Alunni con BES* (pp. 271-287). Erickson.

Miato, L., & Miato, S. A. (2003). *La didattica inclusiva: organizzare l'apprendimento cooperativo metacognitivo.* Erickson.

Ministero dell'Istruzione, dell'Università e della Ricerca. (2003). *Indicazioni nazionali per i Piani di Studio Personalizzati nella scuola primaria.* Recuperado em 17 de dezembro de 2024, https://archivio.pubblica.istruzione.it/ministro/comunicati/2002/allegati/in_psp_primaria_bozza.pdf

Ministero dell'Istruzione, dell'Università e della Ricerca. (2007). *Nuove indicazioni per il curricolo.* Recuperado em 17 de dezembro de 2024, www.istruzione.it

Pellerey, M. (2000). Il portafoglio progressivo come nuovo strumento di valutazione delle competenze. *ISRE, 7*(2), 5-28.

Petracca, C. (2003). *Progettare per competenze: verso i piani di studio personalizzati*. Mondadori.

Schoen, D. A. (1993). *Il professionista riflessivo*. Dedalo.

Sharan, Y. E., & Sharan, S. (1998). *Gli alunni fanno ricerca*. Erickson.

Slavin, R. E. (1990). *Cooperative Learning: theory, research, and practice*. Prentice-Hall.

Slavin, R. E. (1995). Cooperative Learning and intergroup relations. In A. B. James, *Secondary School and Cooperative Learning: theories, models and strategies* (pp. 281-300). Garland.

Uso das tecnologias na gestão da heterogeneidade em sala de aula

Sala de aula virtual para gerenciar atividades de cooperação: Google Apps for Education e Google Classroom
http://www.google.it/intx/it/enterprise/apps/education/ – https://www.google.com/edu/classroom/
Qualquer um que queira trabalhar com atividades cooperativas em sala de aula que prevejam algum uso de tecnologias digitais enfrenta, como primeiro problema, facilitar, acelerar e tornar possíveis atividades cooperativas entre os alunos também pela internet. É necessário, então, que o professor prepare uma sala de aula virtual à qual tenham acesso somente os alunos da turma (e, eventualmente, os responsáveis, tratando-se de menores de idade). Dois são os sistemas mais eficazes para criar e administrar uma sala de aula virtual: o Google Apps for Education e o Edmodo (cf. o box a seguir). O Google Apps for Education é um sistema muito amplo de ferramentas (incluindo *e-mail*) disponíveis de maneira totalmente gratuita para instituições escolares. Não é, portanto, o professor que ativa o Google Apps para a sua turma, mas é a instituição (com frequência municipal ou regional) que ativa o serviço e o coloca à disposição da comunidade escolar de referência. Na Itália, por exemplo, os Google Apps estão disponíveis de forma gratuita para os professores do Valle de Aosta, da Emília-Romanha, de Trentino e certamente também de muitas outras regiões e províncias. Além da gestão das salas de aula virtuais, o Google Apps permite também a administração do trabalho cooperativo de forma síncrona (ou seja, modificando simultaneamente o mesmo documento, ainda que trabalhando de dois computadores muito distantes um do outro – perfeito para os deveres de casa). Mas a verdadeira vantagem do Google Apps reside no seu caráter, por assim dizer, institucional, pois, sendo um instrumento da escola, isso significa que todas as questões referentes à privacidade dos dados pessoais dos alunos e dos docentes são resolvidas de forma centralizada, o que não seria possível se fosse o professor o criador da conta. Os Apps funcionam com endereços de *e-mail* institucionais da escola (e também dos alunos), e não com endereços privados, portanto simplificam muitíssimo todas as possíveis

problemáticas relativas à privacidade ligadas aos menores de idade. Além disso, tratando-se de um serviço Google, e os Apps colocam à disposição vários serviços de natureza muito diferente: dos simples escritos colaborativos de um documento de texto ou de uma planilha de trabalho, a instrumentos de edição gráfica, até chegar a ferramentas de videoconferência e mensagem instantânea, úteis para a colaboração à distância e para a administração de calendários e agendas de turma. Tudo sempre controlável e ativável, através da personalização das funções por parte do docente.
Recentemente, o Google ativou também na Itália o serviço Google Classroom para todos aqueles que dispõem de uma conta Google Apps for Education.
Google Classroom por enquanto é um experimento e promete simplificar ainda mais muitos procedimentos na criação de turmas e na gestão de fluxos de trabalho entre docentes e alunos. Certamente, será um instrumento que, no futuro imediato, será colocado em uso didático na sala de aula[28].

***Brainstorming* e quadros de avisos virtuais: Padlet**
https://padlet.com/
Ao usar as tecnologias digitais em sala de aula para administrar os trabalhos em grupo, podem ser úteis os instrumentos para administrar *brainstormings* ou para anotar sugestões e materiais derivados do trabalho em grupo. Padlet, desse ponto de vista, faz da simplicidade um verdadeiro ponto de força. É de fato um quadro de avisos virtual, um espaço vazio no qual se podem prender virtualmente as próprias anotações e os próprios conceitos-chave, sob forma de palavras, imagens, vídeos ou conexões hipertextuais. É um instrumento rápido e perfeito para administrar o registro de ideias e compartilhá-las com os outros estudantes, trabalhando também de maneira colaborativa e síncrona.

28. A primeira edição deste livro foi publicada em 2015, na Itália – bem antes da grande popularização do Google Classroom impulsionada, em grande parte, pela pandemia de covid-19 [N.T.].

Do *brainstorming* aos mapas cognitivos: Visual Understanding Environment (VUE)
http://vue.tufts.edu/
O Visual Understanding Environment (VUE) é um *software* de código aberto disponível para todos os sistemas operativos (Linux incluído). É um programa pensado para a construção de mapas mentais e conceituais, mas é ideal também para administrar as fases de trabalho em pequenos e grandes grupos, a partir de um *brainstorming*, para criar qualquer forma de esquema lógico-visual e de organização antecipadora. Diferentemente de muitos outros programas (também muito válidos) para a criação de mapas cognitivos, VUE não vincula o usuário a uma estrutura inicial de mapas, permitindo criar nós individuais a serem dispostos no espaço sem qualquer limitação. A possibilidade, além disso, de alternar automaticamente entre a estrutura do mapa mental e a estrutura do mapa conceitual a partir da inserção de palavras torna-o um instrumento muito versátil e personalizável em comparação com os procedimentos de trabalho adotados pelos grupos ou alunos individualmente. Uma outra vantagem do VUE é a facilidade de inserção, nos nós do mapa, de imagens e recursos multimídia (trechos de áudio ou vídeo, por exemplo). Basta arrastar um elemento multimídia com o *mouse* para um dos nós para inseri-lo diretamente no mapa. Essa facilidade de interface o torna também perfeito para a utilização da Lavagna Interativa Multimediale (LIM)[29].

29. Um tipo de quadro interativo [N.T.].

6

Tecnologias educacionais na gestão de processos de inclusão em sala de aula

Francesco Zambotti

A escolha de inserir ao fim de quatro capítulos[30] do presente volume um pequeno espaço dedicado à exemplificação de instrumentos tecnológicos digitais, úteis à administração didática de métodos e práticas não tradicionais, nasce da ideia de que as tecnologias didáticas carregam essencialmente três grandes vantagens para as práticas de inclusão.

Uma primeira vantagem é a *valorização dos recursos potenciais* dos alunos, que frequentemente não conseguem vir à tona nas práticas didáticas tradicionais, centradas em estilos de ensino e aprendizagem baseados na escuta, na repetição oral e na análise e produção de texto escrito.

30. Não são indicadas ferramentas tecnológicas digitais ao fim do capítulo sobre o Método Montessori, pois isso abriria um campo de reflexão demasiadamente amplo e complexo para poder ser tratado neste livro.

Uma segunda vantagem é a de ser um instrumento particularmente eficaz para fazer experimentos de *aprendizagem significativa*, em uma perspectiva de didática por projetos e para solução de problemas reais que coloque no centro da prática o aluno, com a própria motivação e com os próprios conhecimentos e ativo na descoberta e na exploração da realidade e das disciplinas.

A terceira vantagem é relativa à *gestão das práticas didáticas inovadoras* apresentadas neste volume, também mediadas pela tecnologia. Desmontar os cânones tradicionais do fazer escola inclui, antes ou depois, avaliar o uso de instrumentos diferentes dos tradicionais, que hoje muito frequentemente são também instrumentos digitais (mas não só). Desse ponto de vista, o uso de algumas ferramentas e serviços digitais pode dar ao professor vantagens na gestão dos processos de inclusão dentro e fora da sala de aula, valorizando a colaboração e a cooperação entre alunos, que, nessa ótica, podem ser sempre colocados no centro da ação educativa (Bonaiuti, 2009; Zambotti, 2010, 2013).

Por esse motivo consideramos útil, mais do que fornecer um método de uso das tecnologias didáticas em sala de aula, propor um uso contextualizado, conectado às práticas didáticas que constituem o volume. Essa escolha nasce do pressuposto de que com bastante frequência, no que se refere às tecnologias didáticas, exista um mal-entendido pedagógico anterior. É muito comum que se confunda o meio com o fim: a inovação enfatiza o meio, o instrumento, a última tecnologia disponível, e não o paradigma didático de referência. Todos nós temos em mente esse contrassenso inicial. Foi (e frequentemente ainda é) cheia dessas ideias a retórica sobre a inovação das escolas, onde o termo "inovação" era traduzido apenas como a adoção de instrumentos, sem uma necessária reflexão didática sobre o seu uso; essas ideias permeiam também a lógica do *marketing* escolar, em que se vende um produto iludindo com a ideia de vender inovação, mas na realidade se está frequentemente fornecendo um instrumento que permanece subutilizado, se não inutilizado, nas práticas didáticas, que continuam sendo tradicionais.

Consideramos então que seja fortemente necessário implementar o uso de instrumentos específicos (tecnológicos, digitais ou não) no planejamento e da visão didática que guia a ação educativa dos professores. Nesse sentido, todos os métodos didáticos de gestão da heterogeneidade em sala de aula apresentados neste volume possuem uma raiz pedagógica comum, que vê o aluno como real centro da ação didática, ativo e participativo na construção do próprio aprendizado. Esse pensamento é o mesmo que está presente por trás de cada boa experiência com o uso das tecnologias didáticas em sala de aula. Sabemos, depois de décadas de experimentação, que as tecnologias são eficazes quando se tornam instrumentos cotidianos à disposição dos alunos, e não quando permanecem relegadas a instrumentos de suporte para as aulas do docente ou quando são utilizados *una tantum* ["apenas uma vez", em latim] para realizar projetos didáticos específicos, mesmo que motivantes e interessantes, mas esporádicos.

Nesse contexto, nas propostas didáticas apresentadas neste volume, prefigura-se uma escolha precisa por parte do professor. Aderir a um modelo e tentar sua experimentação em sala de aula significa colocar em discussão o próprio papel como professor e dos alunos como comunidade aprendiz, para além da experiência esporádica de um projeto inserido em uma didática que permanece tradicional. Potencializar os processos de inclusão administrando a heterogeneidade das salas de aula a partir dos modelos propostos requer um repensamento dos papéis, mas também dos instrumentos colocados à disposição dos alunos. Por esse motivo, é necessário que também o papel das tecnologias didáticas digitais seja problematizado sob a perspectiva pedagógica, aprofundando as implicações que o seu uso comporta para cada aluno individualmente ao incentivar as próprias potencialidades e para a turma como comunidade aprendiz, cooperativa e resiliente.

Nos próximos parágrafos, tentaremos delinear melhor as três possíveis vantagens derivadas do uso das tecnologias didáticas na gestão da heterogeneidade.

6.1 Valorizar as diferenças utilizando tecnologias em sala de aula

A principal vantagem (e também a mais facilmente compreensível e transparente) do uso de tecnologias no âmbito de um planejamento didático inclusivo e significativo, que coloque no centro da ação educativa a valorização das diferenças individuais no contexto da turma, é a possibilidade de utilizar diversificados códigos comunicativos multi e hipermidiais, que ativem diferentes modalidades de elaboração do conhecimento por parte dos alunos.

No que diz respeito a essa definição, é útil concentrar-se no objetivo "valorização das diferenças na turma". Essa dimensão é fundamental para que não se cometa um erro muito comum na reflexão ligada às tecnologias didáticas, ou seja, individualizar cada percurso didático, dar a cada aluno um instrumento adequado diferente daquele do colega ou ficar tentado a usar uma "máquina para aprender" que forneça de maneira automática os percursos de ensino veiculados pela *web*, enfraquecendo as relações pessoais de grupo.

O horizonte inclusivo parte, ao invés, do uso das tecnologias *no* grupo, como instrumento para eliminar barreiras à aprendizagem e facilitar os processos de elaboração do conhecimento para todos. O uso das tecnologias, então, tende a diminuir em um planejamento que tem seu uso intrínseco à didática, como instrumento para todos e como suporte das diferenças que se evidenciam no grupo, principalmente no que diz respeito aos estilos cognitivos e aos diversos talentos que os estudantes (todos!) podem expressar.

Evidentemente, para permitir aos alunos com necessidades educativas especiais a expressão máxima do próprio potencial e também potencializar os próprios pontos fortes e as próprias habilidades no grupo, será útil utilizar recursos e instrumentos tecnológicos que incidam significativamente sobre percursos de estudo individualizados e personalizados. Não queremos aqui, certamente, limitar ou negar as enormes vantagens que o uso dos recursos tecnológicos levam para a autonomia de vida e de estudo das pessoas com deficiência ou com distúrbios específicos, até mesmo em uma perspectiva de projeto de vida que se estenda para fora da escola (Besio, 2005; Fogarolo, 2012; Fogarolo & Scapin, 2010). É evidente que isso é uma grande vantagem que as tecnologias digitais (ou não) colocam em campo no que diz respeito a valorização das diferenças. Todavia, a dimensão que queremos enfatizar neste contexto é relativa ao uso das tecnologias difusas na turma, composta de muitas diferenças, algumas mais evidentes e outras mais escondidas.

6.2 Tecnologias didáticas e inteligências múltiplas

Em relação às propostas deste volume, certamente a perspectiva didática estruturada na valorização das inteligências múltiplas é aquela na qual o uso de tecnologias didáticas pode ser mais valorizado e, de certa forma, insubstituível. Para estimular estilos de aprendizagem e formas de inteligência que não costumam ser valorizadas na didática tradicional, é quase automático voltar-se para o uso das tecnologias para ativar *entry points* ou *exit points* estratégicos (Gentili, 2011). Uma longa tradição didática e pedagógica já refletiu sobre o uso das tecnologias na perspectiva das inteligências múltiplas; basta pensar na obra de Walter McKenzie (2014). Queremos aqui sublinhar apenas as vantagens que o uso de tecnologias didáticas digitais leva às diversas formas de elaboração do conhecimento e, em particular modo, para as visuais, lógico-matemáticas e naturalísticas. Certamente as vantagens existem também na narração, ampliando o texto escrito à mão com todos os códigos da narração multimídia, social e hipermídia, mas é nas outras formas de inteligência que as vantagens se fazem ainda mais evidentes e insubstituíveis. No que diz respeito, por exemplo, à ativação e ao uso de estratégias lógico-visuais, o uso das tecnologias oferece a oportunidade de utilizar instrumentos e fontes que permitem realmente ao aluno construir os próprios percursos de aprendizagem utilizando o componente visual e visuoespacial (Fogarolo & Guastavigna, 2013). Isso acontece no uso dos mapas cognitivos e também no planejamento de produtos multimídia. Construindo, movimentando, revisando e compartilhando o trabalho em grupos pequenos ou grandes, a lógica visual é sempre mais estimulada e funciona como elemento central da ação educativa, contribuindo na facilitação e na estruturação de um método de estudo eficaz para todos, e em especial modo para aqueles alunos que encontram no texto escrito uma barreira para um aprendizado eficaz (Pontalti & Zambotti, 2014). Claro, isso em uma perspectiva de construção e de uso autônomo dos instrumentos, e não de uso de mapas e de materiais didáticos como fonte de informação já dada, alternativa ao livro-texto ou à ficha didática entregue pelo professor.

Do mesmo modo, a inteligência musical, estreitamente conectada à inteligência lógico-matemática, é fortemente estimulada pelo uso das tecnologias, colocando em campo recursos e instrumentos que permitem não apenas o acesso a fontes de informação, como também a elaboração das próprias fontes. Em geral, não há uma inteligência que não possa se beneficiar do uso de tecnologias didáticas. Por esse motivo, escolhemos, neste capítulo, não indicar um instrumento específico, mas sim indicar um direcionamento possível para a ação didática, que funcione como um *exit point* significativo, que envolva todas as diversas formas de pensamento na elaboração de um produto unitário – que, na nossa proposta, pode ser um *site* sobre um argumento disciplinar (realizável muito facilmente e sem qualquer conhecimento de programação com o serviço *online* Wix) ou um *blog* da turma, especialmente para as crianças menores.

Nessa lógica, para criar um *site* é necessário que todas as diversas formas de inteligência presentes na turma colaborem juntas para um resultado unitário. Muitas competências diversas são chamadas à ação nessa tipologia de trabalho por projeto em que o resultado final é a soma, sim, de competências técnicas, mas, sobretudo, de capacidades de planejamento, projeção, compartilhamento do trabalho e respeito recíproco ao trabalho dos outros, questionando também as interações inter e intrapessoais na construção do conhecimento.

A ideia de fundo desse tipo de projeto didático não é, certamente, realizar um produto final em nível profissional (mesmo que a beleza e a facilidade de uso da Wix possa dar grande satisfação também do ponto de vista das funcionalidades e da usabilidade do *site* produzido), e sim, principalmente, valorizar todas as diversas formas de expressão da criatividade e da lógica pessoal. Isso para dar modo também aos alunos que têm dificuldades com os instrumentos tradicionais (como livro, texto escrito ou expressão oral) de experimentar o sucesso (em uma perspectiva anglo-saxônica se diria "celebrar o sucesso"). A experiência ensina, de fato, que frequentemente os alunos mais competentes no uso de instrumentos digitais de tipo avançado, como Wix, não são os "melhores da turma" mas, na verdade, aqueles que normalmente têm dificuldade para se destacar no contexto tradicional. No trabalho colaborativo ou cooperativo de construção de um *site*, ao invés, é a própria união das diversas competências e inteligências que torna possível mostrar todos os pontos fortes desses estudantes, por vezes até mesmo no uso das estratégias visuais e criativas necessárias para recompor as diversas partes do trabalho da turma.

6.3 Tecnologias, didática aberta e abordagem autobiográfica

Ao mesmo tempo, porém, também na didática aberta e na abordagem autobiográfica o uso das tecnologias didáticas pode ser um estímulo importante para direcionar (e autodirecionar) a ação dos alunos. Nesse contexto, a tecnologia não deve jamais ser imposta como único instrumento possível, mas sempre ser dada como uma das opções de escolha para os alunos. Haverá muitos alunos que escolherão materiais tradicionais para alcançar os objetivos propostos (por exemplo, materiais que incentivam mais a manipulação e a criação real e física de artefatos), mas certamente haverá outros alunos que serão atraídos pelo contexto digital e pelas possibilidades de pesquisa, personalização e programação que algumas tecnologias permitem. Nessa perspectiva de uso "democrático" das tecnologias, seria injusto não valorizar as inclinações dos estudantes que são mais orientados ao uso do digital, propondo na estrutura de ensino de referência também a escolha de códigos multimídia.

Por esse motivo, nos dois capítulos a que nos referimos aqui (capítulos 1 e 3), foi proposto o uso também de um diário pessoal digital; uma proposta que, à maioria, pode parecer desafiadora, pois frequentemente há dificuldade de conectar o uso das mídias ao âmbito introspectivo e autobiográfico. Do mesmo modo, no âmbito autobiográfico as tecnologias podem ajudar a contar a nossa história ou a nossa memória pessoal e familiar com códigos diferentes dos textuais. Graças às tecnologias digitais, podemos contar a nossa história dando um grande valor aos lugares e às datas, fazendo buscas aprofundadas sobre a nossa história familiar e preenchendo-as de fontes reais. Nesse sentido, a proposta de uso de um *software* para gerar árvores genealógicas multimídias ou de passeios geolocalizados para a reconstrução da história familiar permite aos alunos construir progressivamente esses conteúdos, podendo sempre modificar e refinar a própria pesquisa pessoal e familiar utilizando não mais o texto escrito, mas os recursos visuais para contar de si e para si.

Similarmente, no capítulo dedicado à didática aberta, foi proposto um simples contexto para o uso da robótica educativa, justo porque a experiência demonstra que poucas tecnologias são tão capazes de atrair e ativar espontaneamente a atenção e a participação dos alunos como os robôs (Marcianò, 2013; Moro et al., 2012); nesse caso, o robô é pouco mais complexo (ou até menos complexo) do que um brinquedo tradicional, mas é capaz de ser utilizado autonomamente para múltiplos objetivos e em múltiplos contextos didáticos disciplinares. Do mesmo modo, justamente para valorizar as diferenças individuais e poder trabalhar em níveis também muito diversos no contexto da sala de aula, foi proposto o uso de um *software* gratuito, o Scratch – uma verdadeira linguagem de programação para objetos visuais e altamente personalizáveis, que já demonstrou em todo o mundo o próprio potencial didático, criativo e educativo. Trata-se de um instrumento usável por crianças de todas as idades, capaz de estimular a lógica e a fantasia delas, mesmo colocando complexos problemas a serem resolvidos na construção da narração.

6.4 Aprendizagem significativa e tecnologias para a didática

Como já descrito, para a gestão da heterogeneidade em sala de aula é necessário elevar o papel do aluno ao de protagonista ativo de cada fase didática, não apenas como utilizador de instrumentos de tipologias diversas, mas também como parceiro de planejamento e construção de percursos didáticos.

Esse princípio radical (seja no sentido de pôr-se na raiz, seja no sentido de ser radical como visão da educação) é o mesmo princípio que está na base da perspectiva pedagógica e didática da aprendizagem significativa. É um horizonte de ações que tem fortemente influenciado também o mundo das tecnologias para a educação, seja em sala de aula, seja a distância (*e-learning*).

A aprendizagem significativa de fato se baseia na ideia de aprendizagem como integração dos novos conhecimentos a partir daquilo que o aluno já conhece (Novak, 2001, 2012; Novak & Gowin, 2001). Nesse sentido, a aprendizagem significativa aponta na direção, de maneira geral, da motivação a aprender e da resolução de problemas em situações reais (Jonassen, 2010), especialmente utilizando formas de interação típicas da didática cooperativa. Extraindo a originalidade do paradigma construtivista, o conhecimento na aprendizagem significativa é visto como produto de uma construção ativa por parte do sujeito, estritamente ligada à situação concreta em que ocorre a aprendizagem e, portanto, imprescindivelmente ligada à colaboração e à comunicação entre pares.

Nesse contexto, o uso das tecnologias deve poder incentivar as formas de trabalho em pequenos e grandes grupos, baseando-se na resolução de problemas reais que coloquem em jogo as verdadeiras competências dos estudantes, tanto em relação às aprendizagens disciplinares quanto às tão citadas competências europeias, que raras vezes, porém, são realmente valorizadas na didática cotidiana (e a competência digital é uma delas). As propostas didáticas formuladas ao longo dos capítulos deste livro, sejam aquelas de realização de um *site*, seja as ligadas à robótica ou à programação, colocam os estudantes imediatamente diante de uma série de problemas reais a serem resolvidos, de natureza muito diferente entre si. A motivação a aprender é ligada, portanto, à resolução de problemas reais, e não a uma avaliação.

A gestão das diferenças individuais em uma perspectiva de aprendizagem significativa é espontânea, mesmo porque, na construção do projeto, na interação entre pares e nas tomadas de decisão relacionadas às soluções de problemas, os alunos estarão em contato com uma experiência de aprendizagem real, não falsificada, que os colocará totalmente em ação com as suas atitudes, seus próprios limites e suas capacidades. É certo que essa complexidade didática não é fácil de ser gerida pelo professor, mas é altamente formativa para os alunos e de muito valor para quem queira fazer das diferenças não um obstáculo a ser superado, mas um ponto de partida sobre o qual construir relações e aprendizado.

Nessa perspectiva, as tecnologias permitem, por um lado, produzir objetos e projetos reais, de alta qualidade, constantemente modificáveis, personalizáveis e adaptáveis aos diversos contextos (coisa muito difícil utilizando apenas instrumentos não tecnológicos); por outro lado, permitem gerir de maneira extremamente flexível os espaços e o tempo de trabalho dos indivíduos e dos grupos, trazendo uma notável vantagem à dimensão cooperativa da aprendizagem.

6.5 Uso da tecnologia na gestão de práticas didáticas inovadoras em sala de aula

De tudo aquilo que foi escrito até aqui, fica claro que o uso das tecnologias é funcional à gestão de práticas didáticas fortemente inovadoras em sala de aula. Deixar nas mãos dos estudantes instrumentos tecnológicos muito avançados e complexos só pode provocar consequências tangíveis e inevitáveis nos processos de aprendizagem na vivência de sala de aula.

Com frequência existe o temor, por parte da escola, de administrar essa complexidade e há uma tentativa de reduzi-la, impondo limitações de uso, proibições e contextos específicos para o uso das tecnologias. Na nossa ótica, ao contrário, é justamente essa complexidade que deve ser enfrentada para tornar o uso desses instrumentos de fato eficazes para potencializar percursos inclusivos. Todos os métodos propostos se baseiam em um acordo, um tipo de pacto educativo entre alunos e professores, ao estabelecerem juntos as regras de participação, de convivência e de uso dos instrumentos e também das possíveis sansões previstas pelo uso incorreto deles. Apenas um uso fundamentado e compartilhado das tecnologias didáticas pode torná-las instrumento de estudo e não mais um elemento de novidade que permanece cativante por pouco tempo e depois é esquecido para sempre.

Sobre esse assunto se baseia a nossa proposta de uso das tecnologias didáticas no cotidiano, sem que estas se tornem o elemento central da didática e da atenção por parte dos alunos (senão em um primeiro momento de curiosidade ou até de entusiasmo). O centro da ação didática deve permanecer na turma e nos alunos individualmente, com sério empenho (e, portanto, envolvidos e motivados) na participação da construção do próprio método de estudo e das próprias competências-chave.

Por esse motivo, nos capítulos anteriores deste volume quisemos inserir duas pequenas sugestões úteis à gestão do trabalho em grupo em sala de aula quando se usam tecnologias didáticas. Por um lado, a indicação de um motor de pesquisas seguro para a navegação em rede, adequado para crianças e adolescentes (Ricerche Maestre); e, por outro, o uso de uma turma virtual que pode ser gerida de maneira fácil e cômoda, na mais completa segurança normativa e didática, com toda a classificação de arquivos digitais entre grupos e subgrupos e nas dinâmicas escola-casa (Google Apps for Education e Edmodo).

Essas simples e certamente não exaustivas marcações respondem a dois problemas muito práticos e banais, que com frequência desencorajam os professores na adoção de tecnologias em sala de aula: o problema da segurança do uso da rede em contextos didáticos, e o problema da gestão dos arquivos digitais produzidos nos trabalhos de escola e em sala de aula pelos adolescentes.

Em relação ao primeiro problema, é necessário dizer que cada escola deveria equipar-se com sérias políticas e práticas de segurança da própria rede, de modo que essa possa ser utilizada de modo eficaz pelos próprios alunos (isto claramente depois de ter enfrentado o problema, sobretudo econômico, de ter a possibilidade de dispor de uma rede Wi-Fi nas salas de aula). Todavia, também para o uso de um único computador, a experiência ensina que frequentemente em sala de aula são utilizados os motores de pesquisa tradicionais, sem excessivas precauções. Os professores não conhecem as alternativas possíveis e mais seguras, já adotadas nas escolas com maiores experiências em inovação tecnológica e didática.

O segundo problema, ao invés, tem estreita ligação ao tempo disponível; são poucos os professores que transferem de maneira direta aos estudantes os arquivos digitais criados na escola e, em muitos casos, aqueles poucos professores o fazem utilizando as entradas USB ou os endereços de *e-mail* dos responsáveis. Isso cria uma enorme perda de tempo ao fim da aula, gerando rapidamente uma diminuição no uso de instrumentos digitais. A utilização de uma sala de aula virtual é perfeitamente eficaz na gestão dessas dinâmicas e, além disso, permite utilizar um enorme patrimônio de serviços *online* pensados para a gestão cooperativa e compartilhada do trabalho.

Em um mundo cada vez mais conectado, em que a lógica do compartilhamento permeia cada aspecto da vida digital, habituar os jovens desde pequenos a compartilhar o trabalho em um espaço virtual e seguro é certamente uma ação educativa significativa e um processo de aprendizagem útil para o futuro. Sem o uso desses instrumentos é difícil, na realidade, incentivar dinâmicas cooperativas e colaborativas com as tecnologias em sala de aula, porque o tempo e os espaços de trabalho com as tecnologias devem necessariamente afetar o trabalho em casa, para além da sala de aula. O tempo de estudo, portanto, deve permitir o uso de espaços virtuais de compartilhamento em tempo real de materiais e de possibilidades de comunicação síncronas e assíncronas entre os estudantes (e com os professores), com plena segurança da gestão dos dados e dos perfis pessoais. Não é possível deixar esse fluxo de trabalho e de comunicação apenas para o uso de serviços externos, não reconhecidos oficialmente pela escola.

Incentiva-se o uso das tecnologias e, através dessas, a inovação das práticas didáticas cooperativas, apenas se a instituição escolar se equipa para garantir uma gestão eficaz dos ambientes de trabalho digitais, e não se o professor, individualmente, é deixado sozinho para gerir toda a complexidade que isso acarreta.

No que diz respeito aos dois problemas citados anteriormente, uma das objeções mais comuns feitas pelos professores quando se propõe utilizar as tecnologias didáticas em sala de aula de maneira direta por parte dos alunos é relativa à falta de computadores e/ou de conexão à internet no caso de alguns (ou muitos) estudantes.

É útil dedicar algumas linhas para refutar essa objeção justo porque esse aspecto tem fortes implicações na inclusão e na vida dos alunos, em particular dos alunos com maiores dificuldades.

6.6 Competências digitais, alunos com necessidades educativas especiais e perspectivas de vida

A partir dos dados nacionais e internacionais produzidos anualmente pelo Istituto Nazionale di Statistica (Istat)[31] e pela Agência Europa para a Cidadania Digital, sabemos que a Itália sofre com um grande atraso, em relação aos outros países, na difusão de competências para o uso dos instrumentos digitais. Para além de frases feitas que com frequência parecem referir-se às novas gerações e as suas alegadas competências no uso das tecnologias, qualquer um que trabalhe com os jovens sabe que o uso destas é predominante-

31. Órgão ligado ao governo italiano [N.T.].

mente lúdico, que raras vezes resulta em uma real competência para o suporte dos processos de estudo e aprendizagem (Calvani et al., 2010). É certo que os jovens são expostos a muitas tecnologias e estão muito habituados ao uso do telefone celular e dos consoles domésticos de *videogames*, mas poucas vezes são hábeis no uso significativo de um computador ou da rede.

Não é de se surpreender que os dados à nossa disposição sobre o uso das tecnologias por parte dos jovens na Itália sejam, na realidade, baixos. As investigações anuais do Istat sobre cidadania digital mostram um panorama de jovens entre os 11 e 34 anos em que mais de 20% não usa um computador e não navega na internet (Istituto Nazionale di Statistica, 2012). Isso quer dizer que um jovem em cada cinco não está desenvolvendo as competências digitais que o mundo do trabalho já há muito dá por certo e que a escola europeia põe entre seus objetivos primários. Significa, porém, e sobretudo, que já de partida esses jovens não saberão utilizar todos os recursos e os serviços que constituem hoje, e cada vez mais constituirão, no futuro, as bases de muitas ações da vida cotidiana (das tantas formas de comunicação ao uso de produtos culturais como música e filmes, à gestão de uma conta no banco, ao planejamento de uma viagem e à comparação de preços e mercadorias etc.).

Os mesmos dados do Istat, além disso, dizem-nos que o motivo pelo qual essas famílias não utilizam a rede não é da ordem econômica, como frequente e apressadamente se tende a dizer, senão em pequeno percentual (15,8% dos casos), mas sobretudo cultural, visto que 43% declaram não serem capazes de fazê-lo e mais de 26% consideram-no um instrumento inútil.

A escola deve partir exatamente desse dado para criar competências digitais. Difundir as tecnologias e a rede significa criar cultura, não deixar de utilizar instrumentos. Uma escola que trabalhe respeitando os cânones de uma didática aberta, ativa e cooperativa utiliza as tecnologias para construir cultura, e, nesse sentido, deve antes de tudo equipar a si mesma para garantir um uso eficaz dos ambientes digitais e da internet, mas deve também cobrar as famílias e os alunos a adotarem para si as tecnologias necessárias para que sejam realmente úteis para o estudo e para a vida futura dos próprios filhos.

Certamente haverá algumas famílias que terão um problema econômico de base na aquisição das tecnologias, mas é claro que nesses casos a escola pode contar com programas de ajuda já experimentados em muitas realidades: do empréstimo para uso aos financiamentos externos de instituições privadas, além da proposta de uso de tecnologias de baixo custo, revitalizando computadores velhos e inutilizados (utilizando Linux ou um serviço Android para PC, como o do Projeto Keepod[32], algo muito barato) ou mesmo renunciando por um ano à aquisição dos livros-texto e utilizando essa soma para adquirir um computador.

Na realidade, muito mais do que se pensa, as famílias estão dispostas a investir em tecnologia e conexão à internet a partir do momento em que a escola as faz realmente as usar, ou seja, no plano cultural a escola demonstra dar a elas um valor agregado na proposta didática significativa para os alunos. Do ponto de vista inclusivo isso é realmente fundamental, porque, ao menos em relação a alguns alunos, a escola é a única instituição que pode difundir cultura também de maneira digital. Frequentemente não pode fazê-lo a família, que, sobretudo em situações de desvantagem social e familiar, não é promotora do uso de tecnologias, como temos visto a partir dos dados do Istat reportados antes. Além disso, para alunos com deficiência ou com distúrbios específicos de aprendizagem, muitas vezes as tecnologias são o real ponto de virada na autonomia de estudo antes, e de trabalho depois. Desse ponto de vista, os dados italianos, também em comparação com os europeus, são dramáticos. Os dados publicados em 2014 pela Digital Agenda for Europe nos dizem que 75% das pessoas com deficiência (em nível europeu esse dado compreende também os alunos com

32. Para maiores informações sobre o projeto, cf. o *site*: www.keepod.org.

distúrbios específicos de aprendizagem) na Itália declaram não ter competências digitais, em comparação com 68% em nível europeu, em um país em que 34% da população declara não ter qualquer conexão ativa à internet (European Commission, 2014).

Estamos então diante de um problema cultural sério, sobre o qual cada docente deve interrogar-se e talvez finalmente se convencer, de que a competência digital não é uma opção possível, mas um objetivo inevitável para todos. É uma competência básica do cidadão do mundo contemporâneo; se a escola não cria competências para o uso significativo das tecnologias para todos os seus alunos, mas em particular para aqueles que não encontram fora dos muros escolares um tecido social de referência culturalmente rico e estimulante, essas pessoas serão ainda mais privadas e ainda mais expostas aos riscos que um uso incorreto das tecnologias pode comportar, quando não a verdadeiros crimes aos quais incorrer (como o noticiário nos mostra muitas vezes). Quando escolhem não utilizar tecnologias, condenam essas faixas da população – já de partida em desvantagem e com maiores obstáculos a serem superados para construir autonomia de vida – a permanecer apenas como usuários, consumidores de produtos e conteúdos, sem possibilidade de serem protagonistas da mudança que as tecnologias impõem à nossa sociedade.

Esta, que talvez possa parecer uma divagação em um livro de educação, acredito, ao contrário, ser fortemente o centro da ação educativa, que implica o uso das tecnologias na escola. Já dissemos que a escolha de um dos métodos didáticos apresentados neste volume (ou de outros não presentes aqui) que buscam mudar os paradigmas da didática requer da parte do professor uma escolha fundamentada, determinada e em alguns casos também radical na organização da própria ação educativa. A escolha de utilizar tecnologias na escola não é diferente: baseia-se em escolhas didáticas precisas e tem finalidades educativas que vão muito além do uso de um instrumento tecnológico.

Referências

Besio, S. (2005). *Tecnologie assistive per la disabilità.* Pensa Multimedia.

Bonaiuti, G. (2009). *Didattica attiva con la LIM: metodologie, strumenti e materiali com la Lavagna Interattiva Multimediale.* Erickson.

Calvani, A., Fini, A., & Ranieri, M. (2010). *La competenza digitale nella scuola: metodi e strumenti per valutarla e svilupparla.* Erickson.

European Commission. (2014). *Digital agenda for Europe: a Europe 2020 initiative: Italy, Report 2014.* Recuperado em 21 de dezembro de 2024, https://ec.europa.eu/digital-agenda/en/scoreboard/italy#internet-usage

Fogarolo, F. (2012). *Il computer di sostegno.* Erickson.

Fogarolo, F., & Guastavigna, M. (2013). *Insegnare e imparare con le mappe.* Erickson.

Fogarolo, F., & Scapin, C. (2010). *Competenze compensative: tecnologie e strategie per l'autonomia scolastica degli alunni con dislessia e altri DSA.* Erickson.

Gentili, G. (2011). *Intelligenze multiple in classe.* Erickson.

Istituto Nazionale di Statistica. (2012). *I cittadini e le nuove tecnologie.* Recuperado em 21 de dezembro de 2024, http://www.istat.it/it/archivio/78166

Jonassen, D. H. (2010). *Learning to solve problems: a handbook for designing problem solving learning environments.* Routledge.

Marcianò, G. (2013). Robotica educativa: un metodo per la didattica laboratoriale. *Bricks, 3*(2), 5-9.

McKenzie, W. (2014). *Intelligenze multiple e tecnologie per la didattica.* Erickson.

Moro, M., Menegatti, E., Sella, F., & Perona, M. (2012). *Imparare con la robotica: applicazioni di problem solving.* Erickson.

Novak, J. (2001). *L'apprendimento significativo: le mappe concettuali per creare e usarela conoscenza.* Erickson.

Novak, J. (2012). *Costruire mappe concettuali.* Erickson.

Novak, J., & Gowin, B. (2001). *Imparando a imparare.* SEI.

Pontalti, B., & Zambotti, F. (2014). *Prime mappe.* Erickson.

Zambotti, F. (2010). *Didattica inclusiva con la LIM: strategie e materiali per l'individualizzazione.* Erickson.

Zambotti, F. (2013). Tecnologia come risorsa inclusiva. In D. Ianes, & S. Cramerotti, *Alunni con bisogni educativi speciali* (pp. 289-300). Erickson.

Sobre os autores

ELISABETTA BIFFI

Pesquisadora no Dipartimento di Scienze Umane per la formazione "Riccardo Massa", na Università degli Studi di Milano-Biccoca, onde ensina Teorie e Pratiche della Narrazione. De suas publicações, destacam-se: *Le scritture professionali del lavoro educativo* (FrancoAngeli, 2014), *Educatori di storie* (FrancoAngeli, 2010) e *Scritture adolescenti: esperienze di scrittura nella scuola secondaria* (Erickson, 2010).

BARBARA CAPRARA

Pesquisadora adjunta na Facoltà di Scienze della Formazione, na Libera Università di Bolzano. Dedica-se à inovação e à experimentação didática na escola infantil e no ensino fundamental, com um interesse especial pela abordagem Montessori nos processos de aprendizagem.

GIUSEPPINA GENTILI

Professora e treinadora multimídia, coordena há muitos anos grupos de pesquisa/ação docente no Intelligenze Multiple a Scuola (Imas). Desenvolve atividades de formação para o Centro Studi Erickson. Pela Editora Erickson, publicou *Intelligenze multiple a scuola: modelli, applicazioni ed esperienze per una didattica* efficace (2011), *Il laboratorio di... italiano 1* (2014) e *Il laboratorio di... matematica 1* (2014).

ANNA LA PROVA

Psicóloga e psicoterapeuta, formou-se com uma tese experimental sobre a aprendizagem cooperativa. Há mais de 15 anos se dedica à formação de professores em metodologias didáticas inclusivas. Faz colaborações com o Centro Studi Erickson como treinadora e autora, e é fundadora do Centro Studi Forepsy di Roma, que se ocupa da formação de professores e do aconselhamento de pais sobre inclusão, necessidades educativas especiais e estratégias didáticas e educativas eficazes.

FRANCESCO ZAMBOTTI

Doutor em Pedagogia e Didática, treinador e colaborador científico do Gruppo di Ricerca Integrazione e Inclusione Scolastica (Griis), da Libera Università di Bolzano e da Edizioni Erickson. Professor contratado em diversas universidades italianas, desenvolve trabalhos sobre o uso de tecnologias educativas no campo da didática inclusiva e da didática especial, e da análise das políticas de integração e inclusão escolar em nível nacional e internacional. Pela Erickson, publicou *Prime mappe* (2014).